LEONAM LIZIERO

Doutor em Teoria e Filosofia do Direito pela Universidade do Estado do Rio de Janeiro – UERJ, com Pós-Doutorado em Direito pela Universidade Federal do Rio de Janeiro – UFRJ. Professor do Programa de Pós-Graduação em Ciências Jurídicas da Universidade Federal da Paraíba – UFPB e da graduação em Direito – DCJ/UFPB

Rawls além de Rawls

Editora Meraki

Copyright © 2020 Leonam Baesso da Silva Liziero

Todos os direitos reservados.

ISBN: 978-65-990775-0-0

Acompanhamento editorial Leonam Liziero
Capa Brenda Santos

Editora Meraki
Conselho Editorial
Alexandre Walmott Borges (UFU)
Alessandra Silveira (UMinho)
Ari Marcelo Solon (USP)
Dawid Bunikowski (UEF)
Diva Julia Safe Coelho (PNPD-CAPES/UFU)
Felipe Magalhães Bambirra (UniALFA)
Gonçal Mayos (UB)
José Carlos Remotti (UAB)
Osvaldo Alves de Castro Filho (UFMS)
Saulo Pinto Coelho (UFG)

L789 Liziero, Leonam

Rawls além de Rawls / Leonam Liziero. Andradina: Meraki, 2020.

Bibliografia

ISBN 978-65-990775-0-0

1. Filosofia Política 2. Filosofia do Direito 3. John Rawls

1. Título

CDU - 321   CDD – 320.1

Aos alunos do DCJ e do PPGCJ da UFPB

SUMÁRIO

Prefácio

Rawls faz parte de minha trajetória acadêmica. Este singelo livro é uma homenagem à sua memória e à sua importância em minha formação durante o mestrado e o doutorado.

Em 2012 iniciei meu mestrado na Universidade do Estado do Rio de Janeiro – UERJ. Como um jovem ainda muito por aprender, deparei-me com muitos textos de autores que sequer tinha ouvido falar. Alguns, todavia, já tinha lido algo a respeito, ainda que não tão profundamente. Como aluno do mestrado, na linha de Teoria e Filosofia do Direito (na qual depois cursei meu doutorado), tive a oportunidade de cursar disciplinas específicas e algumas gerais, nas quais me foram apresentados toda sorte de textos e autores. Entre eles, aquele que foi o que mais li durante o primeiro ano do mestrado: John Rawls.

Já havia lido algo de Rawls na graduação. Especialmente me lembro de ter ficado instigado com a alusão ao véu da ignorância. Na primeira aula que assisti do mestrado (em uma disciplina que não havia me matriculado, mas fui assistir de ouvinte), foi dito aos alunos que no futuro, quando os vindouros estudantes olharem para o então distante Século XX, em sua segunda metade, dois autores seriam os mais lembrados. Um deles é o já nonagenário Jürgen Habermas. O outro, justamente John Rawls, falecido em 24 de novembro de 2002.

A minha primeira aula no mestrado, em disciplina matriculado, foi no dia 7 de março de 2012, uma quarta-feira de manhã. A disciplina era a obrigatória a todos os alunos do programa, "Teoria da Justiça", na ocasião ministrada pelo Prof. José Ricardo Cunha. Em quase toda a extensão da disciplina foram trabalhadas as duas principais obras de Rawls: *Uma Teoria da Justiça* e *O Liberalismo Político*. Foi a disciplina na qual pude aprender os principais fundamentos do pensamento rawlsiano.

Todavia, Rawls me acompanhou também na disciplina "Ética e Direito", ministrada pelo Prof. Marcello Ciotola e mais tarde, no doutorado durante a disciplina "Filosofia dos Sistemas e Pensamento Jurídico", obrigatória para doutorandos e na ocasião ministrada pelo Prof. Maurício Mota. Ainda que não diretamente, o debate proposto por Rawls também apareceu em outras disciplinas, como nos livros de Amartya Sen, *Desenvolvimento como Liberdade* e *A ideia de Justiça* estudadas em "Direito e Pensamento Político", ministrada em 2012 pelo meu orientador de mestrado, Prof. Marco Marrafon. Além disso, fui aluno durante o mestrado de um ex-aluno de Rawls, o Prof. Angel Oquendo, então Professor Visitante na UERJ.

Não fiz minha dissertação de mestrado nem minha tese de doutorado sobre o pensamento de Rawls. Aliás, Rawls não é sequer citado nas duas. Todavia, escrevi três artigos sobre Rawls que estão entre os primeiros que foram publicados. Como foram escritos há alguns anos, resolvi revisitá-los e usei parte deles para escrever este livro.

O material desta obra não é completamente inédito. Nele estão contidos dois artigos dos três artigos que publiquei: "A liberdade igual no Estado Constitucional de Direito sob a perspectiva do contratualismo de John Rawls", na Revista de Ciências Jurídicas e Sociais da UNIPAR, em 2014[1] e "Além de Rawls: Algumas críticas de Amartya Sen sobre imparcialidade, equidade e liberdades", na Revista da Faculdade de Direito da UERJ, em 2015[2]. O título deste livro, inclusive, é baseado no título deste segundo artigo.

Os artigos são estão aqui como foram publicados na época. Reescrevi muitos dos parágrafos, troquei alguns de lugar e

---

[1] Conferir em LIZIERO, Leonam Baesso da Silva. A liberdade igual no estado constitucional de direito sob a perspectiva do contratualismo de John Rawls. *Rev. Ciênc. Juríd. Soc. UNIPAR*. Umuarama. v. 17, n. 1, p. 53-82, jan./jun. 2014.

[2] LIZIERO, Leonam Baesso da Silva. Além de Rawls: Algumas Críticas de Amartya Sen sobre Imparcialidade, Equidade e Liberdades. *Revista da Faculdade de Direito da UERJ*, n.27, p. 42-64, 2015.

incluí muito texto inédito. Parte considerável deste livro é de texto inédito que escrevi especialmente para esta obra.

Há também, entre os parágrafos, algumas aulas transcritas que adaptei para texto. Em especial, agradeço à minha ex-aluna Karloysa Colão que, em 2014, transcreveu todas as minhas aulas, com os esquemas que passava no quadro. Era a disciplina Filosofia do Direito, na Universidade Candido Mendes, campus Tijuca. Ela gentilmente há alguns anos me cedeu todo o material (são, somando tudo, cerca de 120 páginas) e algumas outras aulas pretendo em breve adaptar também para futuros materiais publicáveis.

Durante algum tempo pouco pesquisei sobre Teoria da Justiça. Meu interesse por Teoria do Direito e minha obsessão por federalismo tomaram conta de meu ser. Ainda assim, às vezes retomo leituras antigas com minha mente um pouco mais madura. Um exemplo disso é a retomada de leituras sobre Totalitarismo, que foi um assunto pelo qual muito me interessei enquanto ainda era mestrado e doutorando. Esta obra foi um modo de me forçar a retomar leituras que já algum tempo estavam esquecidas na estante ou em arquivos de meu computador.

Meu contato com alunos do Programa de Pós-graduação em Ciências Jurídicas da UFPB também foi responsável pelo meu retorno a tais leituras. De alguma forma, o brilho em seus olhares me remete ao ano de 2012, quando andava pelas cinzentas paredes do sétimo andar da UERJ no início do mestrado.

O interesse por Rawls de alguns deles, além do livro lançado ano passado pelo também docente do Programa, Prof. Newton de Oliveira Lima, foram o combustível que faltava para eu retomar minhas leituras de Rawls.

Uma opinião de cunho pessoal não mudou, porém: Rawls não é um autor prazeroso de ler. É por muitas vezes repetitivo, com conceitos que se alteram por diversos momentos de sua obra. Escreve em *looping*. O próprio Rawls menciona a dificuldade possível na leitura de sua obra no Prefácio da edição de 1971 de *Uma Teoria da Justiça* e recomenda alguns parágrafos do livro que podem sintetizar seu pensamento durante toda a obra. Em especial, acredito ser um bom conselho para quem vai começar a ler Rawls ao invés de pegar a obra para ler do início ao fim.

Sou muito crítico a Rawls em muitos aspectos. Em especial, tendo a concordar com os apontamentos feitos por Amartya Sen. Algumas dessas críticas trago nesta obra, por considerar de crucial importância. E ter críticas a Rawls faz parte da ideia também do nome deste livro.

Sempre digo aos meus alunos, sejam da graduação, sejam do mestrado e doutorado: não tratem pensadores com religiosidade. Não se deve tratar filosofia como religião. Nenhum, repito, nenhum autor é incontestável. Contestar um autor também é um modo de prestar o devido respeito ao seu esmero (desde que as críticas sejam feitas com honestidade, claro!). Rawls merece ser lido e ser criticado. Por isso, é tão importante para a filosofia política do Século XX.

"Rawls além de Rawls" se refere ao que Rawls deixa de experiência em cada um que lê suas obras e faz reflexões sobre seu pensamento. A leitura termina, mas a presença do autor fica. Ao criticarmos, concordarmos, ensinarmos e pensarmos em Rawls, é o além dele que está em nós. Sua vida se findou em 2002, mas a finitude de sua existência biológica não afeta a perenidade de suas ideias.

Boa leitura a todos!

João Pessoa, verão de 2020

Leonam Liziero

Introdução

John Rawls elabora sua teoria da justiça com o intuito de combater o pensamento utilitário. Em 1971 publica sua obra mais significativa, *A Theory of Justice* e causa uma considerável ebulição no pensamento político (e porque não, do jurídico também) Posteriormente à obra de Rawls, observa-se a formação de correntes de pensamento, como por exemplo, o libertarianismo (como *Anarquia, Estado e Utopia*, de Robert Nozick), e o comunitarismo, como Michael J. Sandel, (autor do best-seller *Justiça: o que é fazer a coisa certa*).

O libertarianismo, em poucas palavras, é uma corrente que defenderá o desaparecimento gradativo do Estado e, em alguns casos, pode chegar ao extremo com a ideia do anárquico capitalismo, ou seja, toda forma de Estatal seria ilegítima, com o ser humano tendo liberdade absoluta sobre seu corpo, sobre seus bens; o que regularia as relações humanas seriam as leis de mercado. Sandel[3], em *Justiça*, sintetiza os pontos comuns das doutrinas libertárias: (i) nenhum paternalismo é aceitável, ou seja, leis estatais que buscam proteger o cidadão de si mesmo; (ii) nenhuma legislação a respeito de comportamento moral,

---

[3]SANDEL, Michael J. *Justiça*: o que é fazer a coisa certa. 6 ed. Trad. Heloísa Matias e Maria Alice Máximo. Rio de Janeiro: Civilização Brasileira, 2012, p. 81.

como leis que proíbam a prostituição ou que sejam contra casamento entre pessoas do mesmo sexo; (iii) nenhuma redistribuição de renda ou riqueza, uma vez que a solidariedade em relação aos menos favorecidos deveria ser facultativa e não obrigatória por meio da arrecadação de tributos.

Por sua vez, os comunitaristas teceram críticas à universalista teoria de Rawls, defendendo maior autonomia dos valores locais, ainda que isso viesse a contrariar determinadas premissas liberais com a proteção das liberdades fundamentais de todo cidadão.

Começa-se, a partir de Rawls; uma retomada do contratualismo no Século XX, uma retomada do que se pode denominar de universalismo, ou seja, teorias em que todos os valores possam ser universais, independentemente das culturas conflitantes com tais diretrizes axiológicas. A partir daí, Rawls, que também é um teórico liberal voltado para a ideia de bem-estar social, combina pressupostos liberais com a essencialidade de distribuição de renda.

É possível olhar o Estado de bem-estar social hoje e enxergar a teoria de Rawls, ainda que não seja uma aplicação direta; todavia, muito do que é considerado no *Welfare State* pode ser justificado na teoria rawlsiana. O que é Estado de bem-estar social? Brevemente, pode ser concebido como um Estado assistencialista, com alta participação do Poder Público no desenvolvimento do cidadão. Um serviço público constante, distribuição de renda, previdência social, entre outras, são características do Estado de bem-estar social. É um Estado mais amplo em sua ingerência nas relações econômicas dos particulares, ainda que preserve liberdades fundamentais do liberalismo clássico.

O livro *Uma Teoria da Justiça* é dividido em três partes. Na primeira, Rawls explica os preceitos básicos de sua teoria; na segunda parte, instituições, especifica as instituições que ele começa a desenhar na primeira parte do livro; na terceira parte (que é pouco lida, mesmo por muitos que se prestam a escrever sobre o autor), começa a discutir questões mais de índole de comportamento pessoal após o comportamento institucional que ele esboça nas partes anteriores.

O propósito da obra de Rawls é estabelecer os fundamentos e características de sua teoria, que é nomeada por ele como "justiça como equidade". Os princípios estabelecidos de modo racional e desinteressado na posição original, serão diretrizes para todos os tipos de acordos posteriores, bem como a justificação das instituições políticas. Nesta abstração, os membros representante de certa sociedade estão encobertos por um véu da ignorância, que não possibilita que tenham conhecimento acerca de suas próprias condições particulares (se são ricos, pobres, crianças, portadores de deficiência, possuidores de algum talento que os permitam ter vantagens no meio social em que vivem...)

Já que as pessoas desconhecem suas próprias particularidades, há entre elas uma situação de plena igualdade e liberdade. Ora, sabe-se que ninguém ingressa voluntariamente em uma sociedade, mas os indivíduos que nascessem em uma sociedade que respeitasse os princípios correspondentes à situação imaginada por Rawls – que intenta neutralizar o tanto quanto possível fatos da natureza e circunstâncias que não possuem valor moral intrínseco – estariam o tão próximo quanto possível, segundo sua concepção, de uma sociedade cujos membros teriam escolhido nela ingressar voluntariamente

Ao pensar em justiça, tem-se uma definição ampla de justiça como é conhecida e muitas vezes elas são relacionadas a definições de direito natural; a concepção de direito natural de um autor é relacionada à concepção de justiça que ele tem. Locke, por exemplo, como liberal, tem uma concepção de direitos naturais anteriores ao Estado que tem uma finalidade de proteger a liberdade e a propriedade privada e é uma justiça eminentemente liberal, ou seja, qualquer Estado que não atendesse a esses direitos naturais, para Locke não seria um Estado justo, como por exemplo, o Estado socialista (conforme almejado em diversas teorias políticas no Século XIX) não seria um Estado justo na concepção lockeana.

Esses autores antes do Século XVIII, que tratavam da ideia

de direito natural, geralmente eles tratavam a ideia de justiça correlacionada. Muitas críticas feitas à teoria do direito natural, também são dirigidas à teoria da justiça. Quando Kelsen nega a existência de direitos naturais ele também nega a possibilidade de existência de se realizar uma definição de justiça. Quando Alf Ross, em sua definição de justiça, ataca a sua definição de direito natural ele também ataca a definição de justiça; essas duas questões estão sempre relacionadas.

Rawls fala em justiça, mas não justificado em direito natural; ele não é um jusnaturalista, ele não vincula a ideia de justiça a uma ideia de direito natural. Rawls é um autor cuja ideia de justiça é muito vinculada à ideia de instituições públicas, o papel da justiça é o para que serve a justiça.

1

Justiça como equidade e um peculiar contratualismo

John Rawls dedica sua teoria a tentar formular como seria possível definir a justiça. Neste objetivo, atrela a ideia de justiça com a instituição social. O objeto da justiça seria a estrutura básica da sociedade. Entende-se por estrutura básica no pensamento de Rawls "um sistema de normas públicas que define um esquema de atividades que conduz os homens a agirem juntos a fim de produzir um total maior de benefícios e atribui a cada um deles certos direitos reconhecidos a uma parte dos ganhos"[4]. A teoria da justiça como equidade busca então uma concepção de justiça que possa tornar justa esse sistema de normas públicas. Assim, para que seja possível definir a justiça, é necessário definir a sociedade justa.

Rawls revisita o contratualismo e o utiliza com grande grau de abstração para se definir um conceito de justiça e uma concepção de justiça. O conceito de justiça se refere ao equilíbrio entre exigências conflitantes. A concepção de justiça, por sua vez, é formada por dois princípios que seriam imperativos de forma lexical, como produto da racionalidade dos signatários que tem sua imparcialidade garantida pelo véu

---

[4] RAWLS, John. *Uma Teoria da Justiça.* Trad. Jussara Simões. São Paulo: Martins Fontes, 2008, p. 102.

da ignorância. Ao estruturar a sociedade a partir destes dois princípios basilares, seria possível, para Rawls, a institucionalização da sociedade justa.

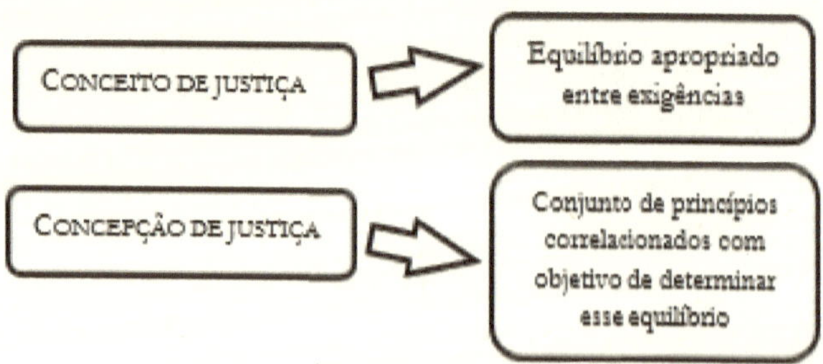

O primeiro destes dois princípios de justiça produtos da racionalidade imparcial dos signatários do pacto abstrato, acordo original, é o da liberdade igual. A norma contida neste imperativo é de que as pessoas devem ser livres e tal liberdade somente pode ser restringida para assegurar o exercício das demais liberdades. Este princípio é superior em ordem lexical ao segundo, que trata da igualdade de oportunidade de acesso aos cargos públicos e à redistribuição dos bens primários, entre os quais, a própria liberdade.

Será tratado aqui inicialmente o primeiro princípio, cuja liberdade tratada pode ser multifacetada, percebida em inúmeros aspectos. Os exercícios destas faces das liberdades muitas vezes entram em choque, são colocadas em situações nas quais o exercício de uma pode impedir o exercício da outra. Rawls apresenta alguns destes conflitos e estabelece um critério de ponderação simples ao estabelecer que, somente para assegurar o exercício de um conjunto de liberdades, a liberdade individual de alguém pode ser tolhida.

A liberdade, assim, é entendida como o primeiro produto da racionalidade do sujeito na posição original, o "estado de natureza" de Rawls, uma vez que se deve pressupor que todo homem é naturalmente inclinado à liberdade.[5] Esta racionalidade é debatida entre os pares, que priorizam o princípio da liberdade igual como a regra mais basilar para estruturar a sociedade. A liberdade não é um direito em razão de uma força transcendental ou da própria natureza e sim a parte da concepção de justiça estruturante em uma sociedade formulada na posição original como resultado do contrato hipotético de Rawls.

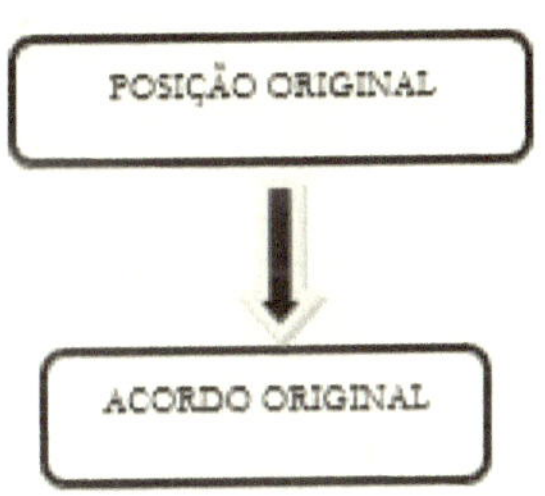

A abordagem contratualista foi a que segundo Rawls poderia explicar o surgimento das concepções de justiça. O contratualismo é o método filosófico de abordagem em que se identifica uma hipótese metodológica anterior à instituição do Estado, comumente chamado de estado de natureza, em que devido à uma anormalidade com seus direitos naturais, os homens realizam um contrato e instituem um ente político. Billier e Maryioli observam que "o contrato é um procedimento dialético no qual a totalidade das liberdades individuais naturais converge para o Estado, que vai redistribuí-las consagradas com o selo do direito positivo"[6]. O consenso razoável com implicações morais é uma característica

---

[5] "A natural human inclination is to be free—free to think, to believe or disbelieve, and to pursue what constitutes his/her best interests. The individual is not true to his/her nature unless and until he enjoys the basic freedoms—notably, those of conscience, thought, association, and action." (BALOGUN, J.M. *Hegemony and Sovereign Equality*: the Interest Contiguity in International Relations Springer. p.6).
[6] BILLIER, Jean-Cassien; MARYIOLI, Aglaé. *História da Filosofia do Direito*. Trad. Maurício de Andrade. Barueri: Manole, 2005, p. 147

comum em todas as teorias contratualistas, como aponta Scanlon.[7], ainda que sejam diversas em seus pressupostos e em seus resultados.

O contratualismo rawlsiano se diferencia dos demais pela ausência de direitos, como a liberdade, inerentes no estado de natureza. A origem da liberdade em Hobbes se diferencia por estar presente em uma fase anterior ao pacto e não como resultado. Apresenta uma concepção selvagem da liberdade, que existe antes do pacto, mas que necessita da instituição para ser definida e exercida.

Como muitos outros direitos conferidos pela natureza, a liberdade é inerente ao homem por ser homem, para que este possa preservar sua própria vida. Todavia, a liberdade absoluta do estado de natureza é uma das causas que caracterizam esta situação também como um estado de guerra, pois nada pode assegurar a segurança do homem, que garantiria o exercício deste direito.[8]

No estado de natureza, todos os homens teriam a liberdade ilimitada, sendo impossível a convivência entre eles sem que houvesse a ameaça à segurança. A liberdade, neste sentido, seria a "ausência de impedimentos externos, impedimentos que muitas vezes tiram parte do poder que cada um tem de fazer o que quer, mas não pode obstar a que use o poder que

---

[7]"For a contratualist to arrive at substantive moral claims would be to give a technical definition of the relevant notion of agreement, by specifying the conditions under which agreement is to be reached, the parties, to the agreement and the criteria of reasonableness to be employed. Different contractualist have fone this different ways. What must be claimed for such a definition is that (under the circumstances in which it is to apply) what it describes is indeed the kind of unforced, reasonable agreement at which moral argument aims" (SCANLON, T.M. *Contractualism and Utilitarism*. In: DARWALL, Stephen. *Contractarianism, Contractualism*. Oxford: Blackwell Publishers, 2003, p. 227).

[8] "Durante o tempo em que os homens vivem sem um poder comum capaz de os manter a todos em respeito, eles se encontram naquela condição a que se chama guerra". (HOBBES, Thomas. *Leviatã*. Trad. de João Paulo Monteiro. São Paulo: Abril Cultural, 1983, p. 75)

lhe resta, conforme o seu julgamento e razão ditarem"[9]. Esta ideia de liberdade é intrinsecamente relacionada com a de direito subjetivo, ou seja, a liberdade que o homem tem em fazer algo ou deixar de fazer algo.

Interessante observar que o homem possui aqui a liberdade em razão de ser um homem. A liberdade é um direito de natureza, inerente ao ser humano. O pacto de submissão tem um papel de restringir a liberdade em favor da segurança. Temos o direito de liberdade restrito para que seja assegurada a vida do ser humano. Na forma teorizada por Hobbes, o único com direito de liberdade total é o soberano, que se sub-roga nos direitos do homem no estado de natureza. A lei do soberano, neste raciocínio, não leva ao direito e sim tem a função de restringir a liberdade.

O soberano torna-se a única autoridade. Tal autoridade é única dentro da organização política instituída pelo pacto e tem o poder de definir os direitos de cada súdito. Estes direitos são reafirmações daqueles direitos que os homens teriam no estado de natureza, mas estariam ameaçados. Desta forma, o Leviatã reconhece direitos individuais dos súditos, mas os delimita no propósito da garantia da segurança. Estes direitos subjetivos são direitos privados, uma vez que no sistema hobbesiano, o indivíduo não teria o direito de se rebelar contra o Estado, já que se isto fizesse, romperia o pacto e logo, cometeria injustiça. A única hipótese em que isso não ocorreria seria a desobediência de uma ordem para que o indivíduo atentasse contra sua própria vida, já que é puramente derivada da natureza humana.

Essa preservação da vida era a principal ideia de lei natural hobbesiana e nos leva à sua importante diferenciação de lei e direito. A lei natural seria uma regra geral da razão que proíbe o ser humano de usar todos os meios necessários para conservar sua vida, ou o obrigue a uma conduta com esse fim. A lei sempre proíbe ou obriga a uma conduta. Por sua vez o direito nada mais é que a liberdade de fazer ou não fazer. A

---

[9] Ibidem, p. 78.

liberdade é entendida como a ausência de óbices à conduta do indivíduo. A lei não concede a liberdade, mas sempre procura restringi-la de alguma forma e para algum propósito.

A lei do Estado-Leviatã limita a liberdade dos indivíduos. O Estado confere a liberdade ao indivíduo somente para assegurar a própria organização política, mas de forma que em comparação ao poder de exercício no estado de natureza, seria muito limitado. O Estado ao se sub-rogar nos direitos dos indivíduos, torna-se também o detentor da violência que eles poderiam usar no estado de natureza para assegurar seus direitos naturais. O soberano, no exercício dos seus direitos por instituição seria:

> A base de toda a autoridade. Leis são leis em virtude de sua origem e de suas sanções, não em virtude de sua razão. A supremacia da autoridade do Estado espelha a liberdade natural do indivíduo; o Leviatã, parceiro perfeito e necessário limite do indivíduo, não apenas compartilha, mas também inaugura os atributos do indivíduo.[10]

Segundo Hobbes, a liberdade do indivíduo seria a capacidade de exercer seus direitos naturais, mas condicionados pela vontade do soberano. A liberdade dentro do Direito do Estado neste raciocínio não tem como fonte a racionalidade daqueles signatários do pacto, mas sim é produto da vontade e da discricionariedade do soberano.

Essa concepção de liberdade se diferencia muito da elaborada por John Locke. No estado de natureza (que neste caso não é um estado de guerra) o homem é dotado de direitos naturais indisponíveis passíveis de serem conhecidos pela razão. Todavia, como o homem não consegue conviver com as leis naturais plenas, uma vez que por ignorância não estudam a lei natural para aplicá-la em casos particulares, acaba por gerar inconvenientes em relação ao direito natural de propriedade. Da mesma forma, apesar dos homens conseguirem viver em liberdade e tirarem os devidos frutos de seu trabalho, o estado

---

[10] DOUZINAS, Costas. *O Fim dos Direitos Humanos*. Trad. Luzia Araujo. São Leopoldo: Unisinos, 2009, p. 91.

de natureza é caracterizado pelos temores de invasões externas, daqueles que são pouco observadores da equidade. Devido aos temores de ameaça à fruição da propriedade, a sociedade civil elabora o contrato social que funda o Estado, cuja principal razão de existir é a proteção do direito de propriedade.

Propriedade e liberdade são intrinsecamente ligadas. O exercício de seu direito de propriedade do cidadão é um exercício de sua liberdade. A propriedade resultada do próprio trabalho se torna uma extensão do corpo do próprio cidadão[11], fazendo parte de sua esfera privada individual, na qual ele pode ter o pleno exercício de seus direitos que a natureza o conferiu. O governo deve garantir a não interferência na esfera privada do cidadão, a não ser que esteja cumprindo sua função de proteção geral da propriedade da sociedade civil.

A liberdade consiste no direito de o cidadão não ter sua esfera privada invadida por uma ação do Estado, pois o Direito do Estado serve apenas ao propósito de assegurar a propriedade do indivíduo. A lei do Estado neste contexto tem a finalidade de assegurar a liberdade e não puramente de torná-la restrita, liberdade esta cognoscível para o homem ainda no estado de natureza, que não desaparece com a instituição do governo. Neste raciocínio, observam Billier e Maryioli que "com Locke, parece se efetuar uma notável tomada de consciência da modernidade política por ela mesma: o direito, que comanda, prescreve, limita etc., em sua própria essência, tem também fundamentalmente por essência assegurar a liberdade"[12].

É nítida a ideia de liberdade individual como legitimação

---

[11] "Cada homem tem uma propriedade em sua própria pessoa; a esta ninguém tem qualquer direito senão ele mesmo. O trabalho do seu corpo e a obra das suas mãos, pode dizer-se, são propriamente dele. Seja o que forma que ele retire do estado que a natureza lhe forneceu e no qual o deixou, fica-lhe misturado ao próprio trabalho, juntando-se lhe algo que lhe pertence, e, por isso mesmo, tornando-o propriedade dele". (LOCKE, John. *Segundo Tratado sobre o Governo*. São Paulo: Abril Cultural, 1979, p. 45).
[12] BILLIER, Jean-Cassien; MARYIOLI, Aglaé. *História da Filosofia do Direito...*, p. 147.

do Estado. A sociedade civil institui o Estado para servi-la, para garantir sua liberdade e seus bens, direitos estes naturalmente concebidos. Temos aqui a separação de Estado da sociedade civil, um dos pontos mais importantes do liberalismo político de John Locke.

O poder do Parlamento, ao representar a sociedade, permitiria que não houvesse ações do Estado além de sua principal diretriz, sendo a divisão do poder do Estado crucial para a garantia dos direitos do indivíduo. Se o Estado descumpre o contrato, ou seja, se passa a não garantir mais a manutenção do direito de propriedade individual, deixa de ser legítimo. A correspondência entre o direito natural da liberdade e da propriedade e o direito positivo do Estado é bem clara: o segundo encontra sua validade no primeiro, que existe acima das leis humanas.

As leis do Estado encontram seu "fundamento na norma de direito natural, que reside na instância suprema do julgamento, as instituições, longe de serem os obstáculos da liberdade dos homens, são os instrumentos e as garantias"[13]. O direito emitido pelo Estado somente será válido se não entrar em conflito com os direitos naturais do homem. Em oposição ao desenvolvido por Thomas Hobbes, para quem o direito natural existe somente no estado de natureza, John Locke concebe que o homem permanece como titular de direitos naturais e em nome deles pode se opor ao Estado.

O contratualismo tem uma abordagem diferente no Século XVIII, em Rousseau e em Kant. De forma semelhante a Locke, Rousseau concebe um contrato social como o método para explicar a ascensão do Estado. O ponto de partida também é semelhante: a concepção antropológica do ser no estado de natureza como bom e livre. Uma vez que o estado de natureza começa a oferecer riscos à existência do indivíduo, há a necessidade de se estabelecer o pacto para que os homens se unam para superar essas forças hostis do estado de

---

[13] FARAGO, France. *A Justiça.* Trad. de Maria José Pontieri. Barueri: Manole, 2004, p. 168.

natureza[14]. O pacto seria a junção da força e da liberdade do cada indivíduo, pois são os meios principais que cada um tem para sua própria conservação.

O contrato social cria obrigações recíprocas entre o público e particular. O indivíduo se obriga com os outros e com o Estado. Apesar de se considerar acorrentado no estado civil, o homem é capaz de obter novas vantagens. O sentido de liberdade é modificado com passagem do homem no estado de natureza para o estado civil. Enquanto no primeiro caso a liberdade é o sentido mundano, coloquial, em que o indivíduo pode fazer tudo aquilo que é fisicamente possível, no segundo caso, a liberdade é uma liberdade civil, limitada não pelas forças humanas, mas pela vontade geral, ou seja, as leis como expressão do poder soberano. Este último sentido de liberdade é a liberdade política, que o homem adquire somente com a constituição do pacto.

No raciocínio de Rousseau, a lei é o que permite o ser humano ser livre[15]. O sentido de lei que é usado tem uma conotação estrita. Para Rousseau, somente pode se caracterizar como lei a expressão do poder soberano, baseada numa vontade geral popular. A lei é expressão do soberano e o soberano é a incorporação do povo, resultado do contrato social. Uma edição de uma norma emitida por um poder arbitrário não seria uma lei, pois não é a expressão da vontade geral e atentaria contra a liberdade política do indivíduo. A lei,

---

[14] "Suponhamos que os homens chegando àquele ponto em que os obstáculos prejudiciais à sua conservação no estado de natureza sobrepujam, pela sua resistência, as forças de que cada indivíduo dispõe para manter-se nesse estado. Então, esse estado primitivo já não pode subsistir, e o gênero humano, se não mudasse de modo de vida, pereceria". (ROUSSEAU, Jean-Jacques. *Do Contrato Social*. 2 ed. Trad. Lourdes Santos Machado. São Paulo: Abril Cultural, 1978, p. 31).

[15] "Só à lei se devem justiça e a liberdade. Só ela permitiu subjugar os indivíduos para torná-los livres, encadear-lhes a vontade com a sua própria autorização, fazer valer o seu consentimento contra sua recusa. [...] Para ele (Rousseau), a lei é o reflexo, neste mundo, de uma ordem transcendente". (CHEVALLIER, Jean-Jacques. *As Grandes Obras Políticas de Maquiavel a nossos dias*. São Paulo: Agir, 1989, p. 171).

no sentido semântico de Rousseau, evitaria o despotismo e a arbitrariedade daquele que governa o Estado. Somente em um Estado regido por leis podem oferecer a única liberdade que o homem pode ter na sociedade civil, a liberdade política. Esta concepção de liberdade política é extremamente importante para que se compreenda o fenômeno constitucionalista e a ideia de soberania popular presentes naquele tempo.

Kant tem uma concepção contratualista bastante diferente dos anteriores. Ao definir sua concepção de direito público, Kant pressupõe a existência de um contrato anterior, um exclusivo *pactum unions*[16]. O contrato proposto na filosofia política kantiana se caracteriza pela composição do corpo político como uma união de vontades em apenas uma. Ao dissertar a respeito da dignidade do Estado enquanto ente formado pela união de tais vontades, Kant esclarece que "a se expressar rigorosamente, o contrato original é somente a ideia desse ato, com referência ao qual exclusivamente podemos pensar na legitimidade do Estado"[17].

Esta abordagem procedimental[18] é essencial para a elaboração do contratualismo de Rawls, como será explicado logo adiante. Verifica-se que a abordagem contratualista nas teorias políticas do século XVII e XVIII contribuiu para o desenvolvimento das contemporâneas concepções de soberania popular e garantias constitucionais como um reflexo da liberdade enquanto liberdade política. Entre os elementos que compõem o contemporâneo Estado de Direito, na lição de Jorge Reis Novais[19], a ideia de liberdade política está

---

[16] MAUS, Ingeborg. *O Direito e a Política*: Teoria da Democracia. Trad. Elisete Antoniuk. Belo Horizonte: Del Rey, 2009, p. 40

[17] KANT, Immanuel. *A Metafísica dos Costumes*. Trad. Edson Bini. Bauru: Edipro, 2008, p. 158.

[18] MAUS, Ingeborg. *O Direito e a Política...*, p. 43.

[19] "O Estado social de Direito é indissociável da estruturação democrática do Estado, o que, se por um lado exclui, como veremos, a ideia de uma sua eventual antinomia ao Estado Democrático de Direito, rejeita igualmente, e desde logo, qualquer possibilidade de caracterização como Estados sociais de Direito de regimes onde não e verifique a existência de uma verdadeira

presente em todos eles.

A concepção teórica dos direitos humanos surge também do contratualismo e se relaciona intimamente com a ideia metafísica da liberdade. Hobbes inaugura de forma primitiva o discurso de direitos subjetivo inerente ao homem. Ao partir da visão antropológica do mal selvagem, Hobbes formula sua hipótese de trabalho, o estado de natureza, como sendo uma situação em que o homem possui tudo e tem a liberdade de possuir tudo. Quem concebe isso ao homem? Sua própria razão e existência.

O direito natural é do indivíduo por ele ser indivíduo, não provindo por uma ordem transcendental ou cosmológica. A liberdade, como anteriormente dito, é inerente ao homem. Qual homem? Todos, pois todos os homens vivem no hipotético contrato de natureza hobbesiano, tendo direitos naturais inerentes ao seu ser e que podem usar de sua força e sua malevolência para exercer esses direitos e garantir sua sobrevivência. Apesar de não garantidos após o pacto de submissão, a consequência de existência mútua dos direitos naturais inerentes ao homem leva à sua realização, sendo possível conceber seres humanos como sujeitos de direitos.

Para Rawls, a ideia de justiça é indissociável da de equidade, deve ter como pressuposto a equidade como uma diretriz normativa. As pessoas devem assim priorizar a busca por uma justiça política por meio de sua razoabilidade e abandonar interesses pessoais. Este é um dos pressupostos do hipotético contrato social rawlsiano, a posição original.

Rawls resgata a teoria do contrato social, desenvolvida por teóricos da modernidade como Hobbes, Locke e Kant. Seguindo método parecido, Rawls elabora uma situação hipotética, um estado de natureza muito mais abstrato que seus filósofos influenciadores e o denomina por posição original. Assim como seus antecessores, há um encontro de vontades de seres racionais em uma situação de plena igualdade na busca

---

democracia política", (NOVAIS, Jorge Reis. *Contributo para uma teoria do Estado de Direito*. Lisboa, Almedina, 2006).

de um propósito, que na teoria de Rawls é estabelecer uma concepção de justiça. Essa concepção de justiça é formada por meio de uma espécie de contrato social, o chamado pelo autor de acordo original, que cria vínculos obrigatórios entre essas partes e torna cogente a concepção de justiça para a instituição política.

O método contratualista é "adequado para justificar o poder jurídico público e as obrigações de obediência com ele ligadas, porque ele representa a forma fundamental de um negócio político no qual da liberdade surgem obrigatoriedades com força jurídica"[20]. Conforme a lição de Ubiratan de Macedo, o contrato de Rawls é uma situação hipotética que permite a cada pessoa signatária decidir em um exercício reflexivo seus objetivos dentro da sociedade. Nesse sentido:

> O contrato social é uma situação puramente hipotética, destinada a estabelecer um princípio de justiça social para a sociedade a ser instaurada. Na posição ou situação original, as pessoas pactuam, sem conhecerem sua futura posição de classe na sociedade, ou seu status, ou a parte que lhe caberá na distribuição dos bens e das capacidades naturais, ou sua psicologia pessoal[21].

Na posição original, o abstrato estado de natureza rawlsiano, as pessoas dotadas da imparcialidade garantida pelo véu da ignorância decidem quais seriam os princípios que devem nortear uma sociedade justa. A concepção do que é justo, segundo Rawls, "é um conjunto de princípios, gerais na forma e universais na aplicação, que deve ser publicamente reconhecido como última instância de apelação para a ordenação das reivindicações conflitantes de pessoas morais"[22]. A racionalidade das pessoas na condição de razoabilidade, concluem pelos dois princípios de justiça. A partir da escolha destes dois princípios, haveria uma

---

[20] HÖFFE, Otfried. *Justiça Política*. Trad. Ernildo Stein. São Paulo: Martins Fontes, 2006, p. 402.
[21] MACEDO, Ubiratan Borges de. *Liberalismo e Justiça Social*. São Paulo: Ibrasa, 1995, p. 89.
[22] RAWLS, John. *Uma Teoria da Justiça...*, p. 164.

determinação das instituições políticas que se coadunariam com estes dois princípios.

A justiça, manifestada por meio de instituições justas, corresponderia aos dois princípios, que por sua vez seguem uma ordem lexical. Tanto a ordem lexical como os princípios em si são frutos da racionalidade das hipotéticas pessoas signatárias do contrato social na posição original.

<table>
<tr><td rowspan="2">ACORDO ORIGINAL
Princípios de Justiça</td><td>Primeiro: cada pessoa deve ter um direito igual ao sistema mais extenso de iguais liberdades fundamentais que seja compatível com um sistema similar de liberdades para as outras pessoas.</td></tr>
<tr><td>Segundo: as desigualdades sociais e econômicas devem estar dispostas de tal modo que tanto
(a) se possa razoavelmente esperar que se estabeleçam em benefício de todos como
(b) estejam vinculadas a cargos e posições acessíveis a todos</td></tr>
</table>

Rawls durante toda sua obra apoia sua concepção de justiça em dois princípios, cujo conteúdo vai se transmutando com o avanço do livro, conforme vai abordando alguns novos dilemas na estruturação de uma sociedade justa, desde a especulação sobre eles no Capítulo II de *Uma Teoria da Justiça* até o Capítulo V, no qual ele discute a distribuição de bens e apresenta enunciados mais refinados destes princípios.

O primeiro e mais primordial deles, conhecido por princípio da liberdade igual, é definido da seguinte forma por Rawls: "Cada pessoa deve ter um direito igual ao mais abrangente sistema total de liberdades básicas iguais que sejam compatíveis com um sistema similar de liberdades para todos"[23]. Basicamente, esse princípio determina que uma liberdade somente pode ser restringida em nome de outra liberdade, nunca para outros propósitos, como uma melhoria social geral na sociedade ou uma redistribuição de bens. Rawls, influenciado pela ética deontológica de Kant, não concebe que

---

[23] RAWLS, John. *Uma Teoria da Justiça...*, p.376.

seria justa uma sociedade na qual o indivíduo tivesse seus direitos e liberdades solapados pelo Estado em nome de um bem-estar geral. Raciocínios como esse levariam ao pensamento utilitarista que é combatido pelo autor desde o início de sua obra.

O raciocínio dele é que em na posição original, as partes ao deliberarem sobre a concepção de justiça, não optariam por uma sociedade na qual suas liberdades poderiam ser comprimidas em nome de uma felicidade ou interesse maior. Deste modo, como na posição original as partes não tem ideia qual será o papel a ser ocupado posteriormente, sua racionalidade levaria os signatários a formularem que independentemente de qualquer que seja a sociedade, as liberdades deveriam estar asseguradas, somente podendo ser restritas quando seu exercício entrar em conflito com outra liberdade de outro indivíduo. De acordo com Álvaro de Vita, "a prioridade das liberdades fundamentais tem o sentido de exprimir, na estrutura básica da sociedade, o respeito mútuo que os cidadãos devem ter pelas formas de vida e pelas concepções do bem uns dos outros"[24].

Verifica-se também que para Rawls, a justiça determina que o sujeito seja inviolável enquanto ser livre, o que refletirá na escolha do primeiro princípio e em consequência em uma preocupação do próprio autor em criticar o utilitarismo. Neste sentido, "A prioridade da liberdade significa que, sempre que as liberdades fundamentais podem ser de fato instituídas, não é permitido trocar uma liberdade menor ou desigual por uma melhoria do bem-estar econômico"[25]. Comenta nesse sentido Sandel[26] que os signatários insistiriam na supremacia desse princípio sobre qualquer ideia de bem-estar da sociedade. Nenhum sujeito racional na posição original sacrificaria direitos e liberdades fundamentais para melhorias sociais e

---

[24] VITA, Álvaro de. *A justiça igualitária e seus críticos*. São Paulo: Martins Fontes, 2002, p. 42.
[25] RAWLS, John. *Uma Teoria da Justiça...*, p. 185.
[26] SANDEL, Michael J. *Justiça...*, p. 189.

econômicas.

Por sua vez o segundo princípio é uma decorrência do primeiro e se relaciona com a justa distribuição de bens e de igualdade de oportunidades no acesso aos cargos públicos. Rawls admite que naturalmente desigualdades sociais e econômicas possam existir em uma sociedade justa, mas da forma mais mitigada possível. O segundo princípio, dividido em duas partes, é uma forma de contrabalancear essas desigualdades, que devem ser arranjadas para que: "(a) se estabeleçam para o máximo benefício possível dos menos favorecidos que seja compatível com as restrições do princípio de poupança justa, como (b) estejam vinculados a cargos e posições abertos a todos em condições de igualdade equitativa de oportunidades"[27].

O princípio da eficiência corresponde, em certa medida, ao de Pareto, todavia com alguma adaptação à proposta filosófica de Rawls. Em sua vertente econômica, o princípio da diferença determina a repartição de certos bens entre alguns indivíduos se mostra eficaz sempre que é impossível a modificação da situação de pessoas em situação menos favorecida sem causar prejuízo direto a outras. Desse modo, "só serão permitidas as desigualdades sociais e econômicas que visem ao benefício dos membros menos favorecidos da sociedade"[28].

Rawls parte do pressuposto de que os participantes do acordo original chegam a um consenso acerca deste princípio. A aplicação deste princípio em relação à justiça se refere às expectativas dos sujeitos representativos: os direitos e deveres dos sujeitos serão distribuídos de modo eficaz caso não seja possível um modo alternativo de repartição de bens sem aumentar as expectativas de um dos indivíduos representativos que não cause prejuízo nas expectativas de outros.

Quando será aplicado o princípio? Rawls deixa claro as duas situações. A primeira é a abertura de carreiras aos talentos naturais. A segunda, é a equiparação de ofertas de

---

[27] RAWLS, John. *Uma Teoria da Justiça...*, p. 376.
[28] SANDEL, Michael. *Justiça...*, p. 189.

oportunidades, que poderiam levar à redução de interferências acerca da avaliação moral de algum indivíduo.

Em relação ao princípio da diferença, Rawls busca demonstrar que a estrutura básica da sociedade justa poderá promover situações nas quais os benefícios aos menos favorecidos possam também beneficiar os mais favorecidos. Assim, este princípio estabelece fundamentos objetivos para comparações entre as pessoas em uma sociedade de duas formas: (i) a possibilidade de identificar os indivíduos menos favorecidos; (ii) comparação entre as expectativas de bens primários sociais, ou seja, o índice de tais bens que um indivíduo pode almejar[29]. Isso será detalhado logo à frente. Nas hipóteses em que os menos favorecidos não se beneficiem por ações do Estado que beneficiem os mais favorecidos, aqueles deveriam ser beneficiar de qualquer modo.

Em relação à justiça entre gerações, Rawls afirma que este tema passa pela determinação de um mínimo social, de modo inexorável, bem como pela extensão do que a geração presente precisa considerar possíveis clamores de seus sucessores.

O mínimo social, deste modo, deve ser pensado como uma concretização deste princípio da diferença, de modo que não cause frustação nas futuras gerações. Como consequência de um mínimo social com grande amplitude é a diminuição de poupança para futuras gerações. Todavia, em uma sociedade na qual os dois princípios possam ser aplicados de modo eficaz, o mínimo social será menor e a poupança será mais elevada, de modo a beneficiar gerações sucessoras. Assim, complementa a noção do princípio de diferença o devido equilíbrio entre o mínimo social, com a expectativa das pessoas na sociedade atual, e o estabelecimento de uma taxa de poupança justa, que busca garantir as gerações futuras. Percebe-se assim uma relação mútua entre mínimo social e a poupança para gerações futuras: "As desigualdades econômicas e sociais devem ser ordenadas de tal modo que, ao mesmo tempo (a) tragam o maior benefício possível para os menos favorecidos (mínimo

---

[29] RAWLS, John. *Uma Teoria da Justiça...*, p. 110.

social), obedecendo Às restrições do princípio da poupança justa (justiça entre gerações)".

Nesse raciocínio, são intrinsicamente relacionados. Em certa sociedade, conforme às especificidades da estrutura básica e as instituições políticas, um será mais elevado em detrimento a outro. Todavia, é preciso ressaltar que o princípio da poupança justiça é uma restrição ao mínimo social.

Esse caráter distributivo se dá pela chamada regra *maximin*, ou seja, a maximização prioritária dos benefícios aos menos favorecidos. Explica, sobre este aspecto, Alvaro de Vita: "é preferível um arranjo institucional que garanta um quinhão maior em termos absolutos, ainda que não igual, de bens primários para todos, do que um outro no qual uma igualdade de resultados é assegurada à custa de reduzir as expectativas de todos"[30]. De acordo com esse segundo princípio, a distribuição deve ser realizada de forma que melhore a situação de pessoas em posições socioeconômicas diferentes de forma igualitária, todavia sempre que houver a melhora para os de melhor posição necessariamente deve haver melhora aos menos favorecidos naturalmente.

No sistema rawlsiano a igualdade de distribuição não deve ser de forma alguma absoluta, porque é inerente à sociedade a desigualdade natural, por fatores econômicos ou habilidades inerentes ao indivíduo. Para Morrison, "Rawls está tentando equilibrar a necessidade de crescimento de riqueza, com o respeito aos menos favorecidos na sociedade. [...] Rawls considera seus princípios básicos de justiça, baseados também num respeito deontológico pela autonomia, como conforme, à maximização"[31]. Ao se preocuparem com a posição social ou a quantidade de riqueza que poderia estar disponível, os signatários adotam esse segundo princípio, o princípio da diferença, de maneira que mesmo se foram menos favorecidos na sociedade, possam receber bens e terem oportunidades

---

[30] VITA, Álvaro de. *O liberalismo igualitário...*, p. 48.
[31] MORRISON, Wayne. *Filosofia do Direito*: dos gregos ao pós-modernismo. São Paulo: Martins Fontes, 2006, p. 473.

iguais. Assim, este princípio "corrige a distribuição desigual de aptidões e dotes sem impor limitações aos mais talentosos"[32].

A distribuição dada pela loteria natural não pode ser considerada justa ou injusta. O fato de alguém nascer inteligente ou com dificuldade de aprendizado, rico ou pobre, não é uma questão de justiça, são fatos naturais, dependem do arbítrio da natureza.

Veja-se: a depender do tipo de sociedade ou da época, algumas aptidões naturais poderão ser vantajosas ou indiferentes. Considerem alguém como o futebolista argentino Lionel Messi. Nascido em uma família pouco abastada financeiramente e com uma deficiência hormonal que atrasava o crescimento de seu corpo, Messi foi tratado graças a um talento natural: jogar futebol. A aleatoriedade de ter nascido com uma enorme propensão a saber jogar futebol possibilitou se tornar um dos atletas mais bem pagos do mundo.

Caso Lionel Messi não tivesse nascido no ano de 1987 e sim cem anos antes, ainda que na Argentina, possivelmente seu enorme talento para jogar futebol seria inútil e jamais conseguiria obter enorme fortuna com isso. Mesmo com nascimento em 1987, mas na Tailândia, Messi também não teria conseguido converter seu enorme talento futebolístico em vantagens financeiras. Percebe-se que Messi nasceu com um talento natural que o possibilitou ser um homem rico porque nasceu em um País que valoriza tais talentos naturais (o futebol é um dos esportes mais tradicionais na Argentina) e porque nasceu em nossos tempos, nos quais o futebol é um dos desportos mais populares do mundo. Certamente, este é um caso de loteria natural. A questão da justiça ou injustiça é como as instituições públicas tratam aqueles que não nasceram com tais talentos naturais, ou ainda, os que nasceram com enormes desvantagens em comparação a outros (como algum portador de deficiência por exemplo).

O que é um problema de justiça, especialmente de justiça política é a forma como o Estado e suas instituições tratam

---

[32] SANDEL, Michael. *Justiça...*, p. 194.

essas desigualdades. Por isso, ao pactuarem sobre a concepção de justiça a ser adotada, "os homens concordam em só se valer dos acidentes da natureza e das circunstâncias sociais quando resulta em benefício comum. Os dois princípios são um modo equitativo de enfrentar a arbitrariedade"[33]. Quando escreve sobre o raciocínio que levariam as partes na posição original a adotarem os dois princípios, Rawls argumenta:

> A estrutura básica da sociedade deve permitir essas desigualdades, contanto que melhorem a situação de todos, inclusive a dos menos favorecidos, e desde que selas sejam igualmente compatíveis com a liberdade igual e a igualdade de oportunidades. Já que as partes começam por uma divisão igual de todos os bens primários sociais, os que se beneficiam tem, por assim dizer, um poder de veto. Chegamos assim ao princípio da diferença. Tomando-se a igualdade como base da comparação, os que ganharam mais devem tê-lo feito em condições justificáveis para os que os que ganharam menos [34].

Rawls explica que a racionalidade das partes do contrato é resultante de um desinteresse mútuo na escolha de princípios que garantiriam o maior número de bens primários possíveis, protegendo especialmente sua liberdade. Mesmo sem ter conhecimento de qual será sua posição na sociedade, as partes no exercício de sua racionalidade escolheriam os dois princípios formulados.

De acordo com uma das definições dada por Rawls, bens primários são as "coisas que todo indivíduo racional presumivelmente quer. Esses bens normalmente têm utilidade, sejam quais forem os planos racionais da vida da pessoa"[35]. O conceito de bens primários se coaduna diretamente com os princípios de justiça provenientes do acordo original, uma vez que tais bens são úteis para todas as pessoas, não importando seus planos racionais de vida.

Na justiça como equidade, os principais bens primários que estão à disposição de todos na sociedade são "direitos,

---

[33] RAWLS, John. *Uma Teoria da Justiça...*, p. 376.
[34] Ibidem, p. 185.
[35] Ibidem, p. 75-76.

liberdades e oportunidades, renda e riqueza"[36], além do autorrespeito.

Em momento posterior, Rawls denominará tais bens como bens sociais primários. Quanto mais bens sociais primários possuir o indivíduo, maior serão suas chances de realizar meus próprios objetivos de vida, quaisquer que sejam. O acesso a bens primários está diretamente ligado à realização da felicidade: "uma pessoa é feliz quando ela mais ou menos bem-sucedida na realização deste plano. De uma forma breve, o bem é a satisfação do desejo racional"[37]. Assim, em conexão com a estrutura básica da sociedade[38]:

1. direitos, liberdades e oportunidades são definidos pelas normas das principais instituições;

2. a distribuição de renda e de riqueza são regidas por tais instituições.

Rawls, ao dissertar a respeito de condições que possam ser permissíveis de bem, defende que tais são concepções em conformidade com os princípios de justiça e, consequentemente, levam à noção de justo, caracterizada objetivamente pela neutralidade. Assim, instituições políticas devem ser neutras e permitir a mesma oportunidade de bem permissível a todos. Não deve, deste modo, o Estado favorecer uma concepção de bem em detrimento de outras doutrinas.

Nesse momento, sobre tal neutralidade, surge a ideia de consenso sobreposto pautado em uma concepção política de justiça. Segundo Rawls evidencia em *O Liberalismo Político*, o consenso sobreposto é essencial para a estabilidade de um regime democrático. Um conceito preliminar esboçado pelo autor é de que tal consenso consiste em "doutrinas abrangentes e razoáveis que, em uma estrutura básica justa (como a concepção política a define), provavelmente persistirão e conquistarão adeptos no decorrer do tempo"[39]. A justiça como

---

[36] Ibidem, p. 76.
[37] Ibidem, p. 111.
[38] Ibidem, p. 110.
[39] RAWLS, John. *O Liberalismo Político*. Trad. Dinah de Abreu Azevedo. 2 ed. São Paulo: Ática, 2000, p. 187.

equidade não oferece uma doutrina abrangente, seja ela moral ou religiosa, além da própria concepção política de justiça (que será melhor detalhada adiante neste livro). O consenso sobreposto, como desenvolve Rawls, possui três aspectos: i) o objeto moral – ou seja, a concepção de justiça; ii) as razões morais – concepções de pessoas enquanto o agir das pessoas em sociedade; iii) a estabilidade[40].

Este consenso não exclui doutrina abrangentes; ao contrário: as inclui, desde que possam ser consideradas razoáveis. Não há, portanto, injustiça na exclusão de doutrinas que não sejam razoáveis, como as que professam intolerância e discurso de ódio (tais como o fascismo, nazismo ou fundamentalismo religioso) ou naquelas em que a estrutura básica da sociedade não consiga proporcionar oportunidade de equivalência entre tais concepções de bem.

A discordância entre pessoas que possam ser consideradas como razoáveis encontra sua origem no que Rawls denomina por "limites do juízo"[41]. Dois aspectos básicos são destacáveis: (i) disposição em propor e cumprir termos de cooperação que sejam equitativos; (ii) reconhecer os limites do juízo, bem como a aceitação dos limites do juízo em um regime constitucional, de modo que possa ser externalizado o uso da razão pública. Assim, espera-se que os indivíduos, ao agir racionalmente, busquem equilibrar seus diversos propósitos.

Essa razoabilidade esperada dos cidadãos é um evidente exercício da razão prática. Ainda que nem todas as pessoas professem a mesma doutrina abrangente, os limites do juízo buscam impedir a exacerbação de intolerância. Alguém que professe uma doutrina qualquer, como uma religião, acredita que esta seja verdadeira em detrimento de outras. Uma vez que as concepções são diversas, é razoável não exigir que cidadãos

---

[40] Ibidem, p. 190-195.

[41] "A ideia de desacordo razoável envolve uma visão das fontes, ou causas, da discordância entre pessoas razoáveis assim definidas. A essas fontes, refiro-me como os limites do juízo. A interpretação desses ônus deve ser tal que seja inteiramente compatível com a razoabilidade daqueles que discordam e, por conseguinte, não se oponha a eles" (Ibidem, p.99).

acreditem um uma doutrina abrangente determinada. Os limites do juízo, são então, uma característica fundamental em uma sociedade democrática para qual a tolerância entre as diversas doutrinas abrangentes se faz necessária. Segundo Rawls,

> Alguns julgamentos razoáveis e conflitantes (especialmente importantes são aqueles que fazem parte das doutrinas abrangentes das pessoas) podem ser válidos, outros não; pode acontecer de nenhum ser válido. Esses limites do juízo são da maior importância para a ideia democrática de tolerância.[42]

Em razão do pluralismo, não é possível afirmar que haja uma base pública em favor apenas de uma doutrina abrangente. Cidadãos razoáveis conseguem perceber que os limites do juízo restringem o que poderia se justificar perante outras pessoas. Assim, como consequência direta, concordam com a liberdade de consciência e autonomia racional.

A razoabilidade de cidadãos leva à uma das principais discussões de *O Liberalismo Político*: a ideia de razão pública. Ainda que seja um conceito mais bem desenvolvido por Rawls posteriormente, coaduna-se diretamente com os seus pressupostos contratualistas.

Rawls, na Conferência VI da obra citada acima, apresenta uma lista de alguns elementos característicos dos cidadãos que constituem a motivação moral de uma pessoa que possa ser razoável e raciona[43]:

i) possuir senso de justiça e uma concepção de bem;

ii) possuir faculdades intelectuais de julgamento, pensamento e inferência;

iii) sua concepção de bem deve ser possível de ser interpretada razoavelmente;

iv) precisa ser capaz de ser membro normal e cooperativo de determinada sociedade durante seu tempo de vida.

Em razão dessas características, Rawls pressupõe uma igualdade inicial entre os cidadãos caso as possuam num grau

---

[42] Ibidem, p. 102.
[43] Ibidem, p. 126.

ainda que mínimo.

Além desses elementos, os cidadãos possuem também quatro características especiais em razão de sua razoabilidade e sensibilidade moral:

v) propensão em termos equitativos de estabelecer cooperação, de modo a ser razoável a suposição de que os outros cidadãos aceitarão submeter à cooperação e se sujeitar aos seus termos. Todavia, deve haver alguma garantia de que os outros se comportarão do mesmo modo.

vi) reconhecimento dos limites do juízo em relação ao que é justificável perante os outros, além de professarem apenas doutrinas razoáveis.

vii) além de ser membros da sociedade, os cidadãos desejam ser reconhecidos como tais. Assim como nos bens primários, como direitos e liberdades, o reconhecimento desta paridade reforçaria o autorrespeito deles na condição de cidadãos.

viii) uma psicologia moral razoável, como consequência das demais características. Esta psicologia moral não é, segundo Rawls, derivada de uma ciência da natureza humana; é, pois, proveniente de "um esquema de conceitos e princípios que expressa uma certa concepção política da pessoa e um ideal de cidadania"[44].

Sobre esse último ponto, Rawls dedica largas passagens no Capítulo VIII de *Uma Teoria da Justiça*. Uma questão que aqui se faz importante destacar é a ideia de reciprocidade inerente à psicologia moral. Conforme será explicado de forma mais detalhada no Capítulo 4 deste livro, o senso de justiça das pessoas é uma força interna do sistema essencial para a estabilidade das sociedades bem-ordenadas. O senso de justiça, todavia, se origina do desenvolvimento moral dos cidadãos por meio de seu aprendizado, "da intenção manifesta das outras pessoas de agir para o nosso bem. Por reconhecermos que desejam o nosso bem, desejamos em troca o bem-estar dessas pessoas"[45]. Os laços entre pessoas e instituições então são

---

[44] Idem.
[45] RAWLS, John. *Uma Teoria da Justiça...*, p. 610.

criados pela percepção de como seu bem é afetado por elas. A reciprocidade é, portanto, fundamental: "a capacidade de ter um senso de justiça, gerada pelas reações de reciprocidade, aprece ser uma das condições da sociabilidade humana"[46].

Uma vez expostos os elementos que permitem a caracterização dos cidadãos como razoáveis, é possível avançar na discussão sobre razão pública. Afirma-se, conforme Rawls, que a em uma sociedade somente há uma única razão pública, embora existam inúmeras razões não públicas. Entre estas, encontram-se grupos profissionais, grupos de interesse, universidades, sociedades científicas, igrejas etc.

Razões não públicas são provenientes da sociedade civil, estão inseridas nas culturas de cada povo. Ao contrário, a razão pública, ao contrário é uma razão política. Não pressupõe a interpretação de mundo em conformidade com determinados grupos com fins diversos. Assim, ainda que uma sociedade democrática deva possuir cidadãos que sejam capazes de professar visões de mundo diferentes (desde que razoáveis), não poderá o Estado discriminar cidadãos em razão de sua origem ou doutrina que professam. Assim, nas palavras de Rawls, "A razão pública é característica de um povo democrático: é a razão de seus cidadãos, daqueles que compartilham o status da cidadania igual"[47]. O bem público será o objeto desta razão pública, ou seja, aquilo que é requerido pela concepção política de justiça (conceito que será mais bem detalhado no capítulo seguinte deste livro). Pouco mais à diante, Rawls reformula o conceito de razão e o detalha: "a razão pública é a razão de cidadãos iguais que, enquanto corpo coletivo, exercem um poder político final e coercitivo uns sobre os outros ao promulgar leis e emendar sua constituição"[48].

A razão pública, portanto, será pública em três sentidos, de

---

[46] Idem.

[47] RAWLS, John. *O Liberalismo Político...*, p. 261.

[48] Ibidem, p. 263.

acordo com Rawls[49]: i) enquanto a razão dos cidadãos, será a razão do público; ii) terá como objeto o bem público, bem como questões de justiça fundamental; iii) o conceito e a natureza de razão pública também serão públicos, uma vez que são gerados pelos princípios contidos numa concepção política de justiça e são exercidos diante de todos.

Por sua vez, o conteúdo da razão pública (definida por Rawls como concepção liberal) Inicialmente, três questões são determinadas neste conteúdo: i) a especificidade de direitos, liberdades e oportunidades fundamentais normalmente estabelecidos em uma democracia; ii) há a atribuição de prioridade a tais direitos; iii) o conteúdo endossa garantias que buscam proporcionar aos cidadãos meios eficazes em diversos casos para o exercício de tais direitos.

Uma vez que o liberalismo político de Rawls é uma categoria de concepções, é possível alguma variação entre os conteúdos possíveis de razão pública a depender do que ele denomina por princípios substantivos usados e diretrizes de indagação. Haverá o estabelecimento de limites nesta concepção liberal de justiça, mas o conteúdo poderá variar dentro de tais limites.

Os princípios substantivos de justiça são os que Rawls trabalha em sua concepção política de justiça. Porém, aqui Rawls acrescenta tais diretrizes de indagação, que funcionam na definição de razão pública como mecanismos que permitem garantir a eficácia de tais princípios: são, pois, "princípios de argumentação e regras de evidência à luz dos quais os cidadãos devem julgar se os princípios substantivos aplicam-se de forma apropriada e identificar as leis e políticas que melhor os satisfaçam"[50].

À tais diretrizes de indagação pública pertencem os valores políticos da razão pública tais como razoabilidade e civilidade. Esta discussão voltará a ser abordada no capítulo que debaterá questão referentes ao sistema constitucional e ao Estado de

---

[49] Ibidem, p. 262.
[50] Ibidem, p. 273.

Direito em Rawls. O que, neste momento, é essencial estabelecer que em uma possível linearidade do pensamento de Rawls, a ideia de razoabilidade dos cidadãos é essencial. Assim, questões trabalhadas no início de *Uma Teoria da Justiça* encontrarão reflexões em *O Liberalismo Político*.

A noção posterior desenvolvida de razoabilidade das pessoas possui um papel muito importante na interpretação das expectativas das pessoas representativas ao corresponder em relação aos bens primários. Em síntese, a ideia de bens primários é de fundamental importância na teoria de Rawls, porquanto exprime um conjunto de bens e direitos sem os quais não se pode garantir, com certeza e estabilidade, a tutela das expectativas do homem representativo na sociedade. Em suas palavras,

> As pessoas que se encontram na posição original tentam reconhecer princípios que promovam seu sistema de objetivos da melhor forma possível. Para isso, tentam garantir para si mesmas o mais alto índice de bens primários sociais, já que isso lhes possibilita promover sua concepção do bem da maneira mais eficaz, seja qual for essa concepção[51].

Nesse esboço preliminar da teoria da justiça como equidade, é interessante notar que a justiça somente pode ser alcançada dentro de um arranjo institucional político. Assim, somente podemos falar em justiça se pensarmos na sociedade e em sua estruturação política.

Rawls é bem preciso neste ponto, ao definir que o principal objeto da justiça é a estrutura básica da sociedade, "ou o modo como as principais instituições sociais distribuem os direitos e deveres fundamentais e determinam a divisão das vantagens decorrentes da cooperação social"[52]. Estrutura básica, no sentido defendido, é "um sistema de normas públicas que define um esquema de atividades que conduz os homens a agirem juntos a fim de produzir um total maior de benefícios e atribui a cada um deles certos direitos reconhecidos a uma

---

[51] RAWLS, John. *Uma Teoria da Justiça...*, p. 175.
[52] Ibidem, p.8.

parte dos ganhos"[53].

A concepção de justiça é uma concepção política de justiça. Somente na organização da sociedade a justiça pode ser manifestada. Uma vez constatado isto, a preocupação da justiça como equidade é desenhar uma estrutura social que possa ser correspondente a uma ideia de justiça transcendental resultante de uma razão imparcial, de um equilíbrio entre exigências conflitantes. Mais tarde, em *O Liberalismo Político*, Rawls evidencia que o objetivo desta teoria é prático: "apresenta-se como uma concepção da justiça que pode ser compartilhada pelos cidadãos como a base de um acordo político racional, bem-informado e voluntário"[54].

Desse modo, para Rawls, a justiça equilibra exigências conflitantes. Sempre uma ideia de conflito tende a pender a ter um equilíbrio entre os lados e esse equilíbrio apropriado é justamente conseguir pegar a parte que está mais errada e pender a sua decisão para a parte que estiver mais correta. Justamente, se as duas partes estiverem corretas sobre o mesmo fato, conseguimos ter uma ideia de equilíbrio muito maior do que quando temos uma parte errada e uma parte certa.

Como é possível pensar isso em nossas instituições? Quando um juiz concede uma sentença parcialmente procedente, é porque ele decide que o pedido do autor é certo, mas não tão certo assim. Se ele verifica que o pedido está totalmente correto ele dá a sentença totalmente procedente, ou se ele verifica que quem está totalmente correto é o réu ele julga o pedido totalmente improcedente.

Exigências conflitantes são interesses diversos entre duas ou mais pessoas. Como você define que algo é certo ou errado entre duas pessoas, se essas duas pessoas têm diferenças pessoais sobre o que é certo ou errado? O certo formado é aquilo que formará um equilíbrio entre interesses diversos.

Imagine (ainda que muito abstratamente) o debate entre

---

[53] Ibidem, p.102.
[54] RAWLS, John. *O Liberalismo Político...*, p. 52.

pobres e ricos acerca de distribuição de renda. Como seriam essas exigências conflitantes? Pobres falariam que a propriedade dos ricos é ilegítima, que o correto seria destituí-los de todas as propriedades e redistribuí-las entre todos? Os ricos falariam que as propriedades foram obtidas por meio do trabalho deles e de seus ascendentes e que não têm culpa que outras pessoas são menos favorecidas?

2

Liberdade e diferença

Seres humanos são detentores de liberdade. Essa é uma afirmação comum do contratualismo político ainda que com entendimentos diferentes sobre a liberdade. A liberdade, sonho metafísico desmistificado por Kant, é um desejo ao mesmo tempo de uma razão de ser do homem. Ao analisar em sua Crítica da Razão Pura se seria possível conhecer as ideias puras da razão pela metafísica tradicional, Deus pela liberdade e imortalidade, Kant conclui que é um esforço falho tentar obter o conhecimento *a priori* desses juízos. Como não é possível o conhecimento da coisa em si, somente dos fenômenos, pois o ato de conhecer é um fenômeno.

Apenas a liberdade, entre as três ideias puras da razão, pode ser provada na realidade, pelos efeitos que produz. Apesar de ser apenas uma abstração, a liberdade pode ser provada pelo agir, sendo então possível conhecê-la por meio da razão prática.

A liberdade não é o resultado da conduta, ela é a própria causa da ação. É um conceito e um fato. A liberdade não é possível ser conhecida pela razão pura, mas somente pelo agir e o agir nada mais é do que a liberdade; é o que torna o mundo prático possível[55]. O contrato, antes de tudo, procura regular a liberdade na instituição criada. Em Kant, a ideia de contrato toma forma diversa dos demais contratualistas, de forma que a liberdade, enquanto essência, não é limitada, recepcionada ou modificada pelo pacto.

Kant, de forma a refinar a doutrina do direito natural de tal forma a efetivamente o identificar com a ideia atual de direitos humanos, o estabelece como os critérios apriorísticos de justiça, resultando no equilibro entre os arbítrios de todos os indivíduos. Assim, a liberdade de todos os indivíduos deve coexistir de forma que alguém não seja impedido de seguir o imperativo[56]. A liberdade é tida em dois aspectos: a liberdade como autonomia e como coexistência dos arbítrios. Como autonomia, o ser humano deve seguir o imperativo categórico no agir de tal forma como se àquela norma todos tivessem dado seu consentimento, sua vontade. Portanto, o imperativo é a forma pela qual a razão manifesta a vontade obrigada.

O contrato de Kant se difere dos demais anteriores por não ser uma mera ficção hipotética para a constituição e instauração do Estado perante a sociedade civil. O contrato kantiano não é um fato hipotético, mas sim uma ideia presente na qual um povo constitui um Estado pela convergência de

---

[55] "A liberdade no sentido kantiano é então um ser estranho: é a única Ideia da razão que é também um fato de razão. A liberdade torna possível tanto o dever quanto o direito. Temos que admitir! Mas o que, por sua vez, torna possível a própria liberdade? Nada! Esta última questão aparentemente judiciosa é, todavia, em seu próprio fundo, esvaziada de sentido: a liberdade não poderia depender de condições, porque seria contraditório com sua natureza [...] Este é o sentido absoluto da liberdade: a liberdade é a atmosfera do mundo prático". (BILLIER, Jean-Cassien; MARYIOLI, Aglaé. *História da Filosofia do Direito...*, p. 153).

[56] O Imperativo, conforme o sentido dado por Kant, é a "representação de um princípio objetivo, enquanto obrigante para uma vontade, chama-se um mandamento (da razão), e a fórmula do mandamento chama-se Imperativo [...], os imperativos são apenas fórmulas para exprimir a relação entre leis objetivas do querer em geral e a imperfeição subjetiva deste ou daquele ser racional, da vontade humana". (KANT, Immanuel. *Fundamentação da Metafísica dos Costumes*. São Paulo: Abril Cultural, 1983, p. 123).

suas vontades, formando uma vontade pública e geral[57]. O Estado para Kant não é uma coisa, mas uma pessoa moral, já que é o vórtice das vontades dos indivíduos que compõem determinada sociedade.

Neste sentido, entende-se sua preferência em *À Paz Perpétua*, descrita no primeiro artigo definitivo, por uma Constituição republicana, já que somente nessas Constituições é possível que o Estado cumpra seu papel de manter o arbítrio recíproco entre os cidadãos, ao mesmo tempo em que seria mais difícil um ato de guerra contra outro Estado, pois dificilmente a vontade convergente dos indivíduos em uma sociedade seria com isso concordante.

A Constituição republicana é ao documento jurídico que possibilita o agir heterônomo na proteção da liberdade, é uma concretização da vontade mútua dos indivíduos[58]. Kant trabalha com o republicanismo como uma oposição ao poder despótico do Estado, reconhecendo ser necessária a separação harmônica entre legislativo e executivo, de forma a se evitar o poder concentrado, ao contrário do despotismo, que é o poder

---

[57] "Kant desenvolve então uma teoria contratualista, que se distingue das de seus antecessores por não pressupor que a liberdade seja limitada, mas sim deixada totalmente em favor da aquisição da liberdade como autonomia: o homem abandona a "liberdade selvagem e sem lei" para "reencontrar em um estado jurídico sua liberdade em geral" (NOUR, Soraya. *À Paz Perpétua de Kant*: Filosofia do Direito Internacional e das Relações Internacionais. São Paulo: Martins Fontes, 2004, p. 41).

[58] Kant entende ser a constituição republicana como aquela que corresponde ao contrato originário, ou seja, a coexistência dos arbítrios entre os indivíduos em uma sociedade, possibilitando o exercício das duas liberdades. Em suas palavras, "a Constituição instituída primeiramente segundo os princípios da liberdade dos membros de uma sociedade (como homens), em segundo lugar segundo todos os princípios de dependência de todos com uma única legislação comum (como súditos) e terceiro, segundo a lei da igualdade dos mesmos (como cidadãos) – a única que resulta da ideia de contrato originário, sobre a qual tem que estar fundada toda legislação jurídica de um povo – é a constituição republicana" (KANT, Immanuel. *À Paz Perpétua*. Trad. Marco Zingano. Porto Alegre; L&PM Pocket, 2011, p. 26).

autocrático daquele que emite o direito[59]. Neste sentido, o republicanismo é definido como antítese do despotismo.

O "contrato social" de Kant é a identificação de uma máxima moral de forma a tornar possível a coexistência de vontades emanadas pela razão humana e que deve ser seguida por essa mesma vontade, uma vez que o indivíduo deve agir pensando no agir de todos os outros.[60] A ideia de moralidade, expressada pela razão na forma do imperativo, está associada à de liberdade. Ao agir conforme o imperativo categórico, o indivíduo é autônomo. A autonomia "envolve dois componentes. O primeiro é que nenhuma autoridade externa é necessária para constituir ou nos informar das regras de moralidade. [...] O segundo é que no autogoverno podemos efetivamente nos controlar"[61]. Sendo autônomo, é livre para seguir a finalidade de sua existência – a felicidade – em conformidade com o imperativo criado por sua razão em um exercício de vontade. A liberdade como autonomia é o primeiro aspecto de liberdade de Kant.

> Consideramo-nos como livres na ordem das causas eficientes, para nos pensarmos submetidos a leis morais na ordem dos fins, e depois pensamo-nos como submetidos a estas leis porque nos atribuímos à liberdade da vontade; pois liberdade e própria legislação da

---

[59] Ibidem, p. 28.

[60] "Da pressuposição desta ideia decorreu porém também a consciência de uma lei de ação que diz que os princípios subjetivos das ações, isto é, as máximas, tem que ser sempre tomados de modo a valerem também objetivamente, quer dizer, a valerem universalmente como princípios e portanto a poderem servir para nossa própria legislação universal" In: KANT, Immanuel. *Fundamentação da Metafísica dos Costumes* ..., p. 151.

[61] "Autonomy involves two components. The first is that no authority external to ourselves is needed to constitute or inform us of the demands of morality. We can each know without being told what we ought to do because moral requirements are requirements we impose on ourselves. The second is that in self-government we can effectively control ourselves. The obligations we impose upon ourselves override all other calls for action, and frequently run counter to our desires. (SCHNEEWIND, J.B. *Autonomy, obligation, and virtue: A overview of Kant,s moral philosophy*. In: GUYER, Paul (org.) *The Cambridge Companion of Kant*. Cambridge: Cambridge University Press, 1992, p. 309).

vontade são ambas autônomas, portanto conceitos transmutáveis, um dos quais porém não pode, por isso mesmo, ser usado para explicar o outro e fornecer seu fundamento, mas quando muito apenas para reduzir a um conceito único, em sentido lógico, representações aparentemente diferentes do mesmo objeto (como se reduzem diferentes frações do mesmo valor às suas expressões mais simples)[62].

O segundo aspecto de liberdade é a limitação do arbítrio de todos os indivíduos por todos os indivíduos. Kant então concilia a ideia de liberdade como o agir conforme as máximas morais com a limitação do agir em nome do respeito mútuo à liberdade dos demais. Todos os indivíduos são autônomos e essa autonomia se completa na sua própria limitação, que estabelece um contrato de vontade pelo agir, no qual cada está obrigado com os demais.

Esta obrigação com os demais instituída por este pacto, em que a assinatura é o agir conforme a lei moral se limita de forma que as liberdades sejam recíprocas e respeitadas se coaduna com a ideia de responsabilidade perante o outro ser humano, hoje tão em voga nos estudos dos direitos fundamentais. O imperativo categórico representa a vontade humana e é ao mesmo tempo seu fim. Para que e transforme em máxima universal, a vontade de todo ser humano precisa se transformar em uma vontade objetiva, somente sendo possível explicar a liberdade em um mundo inteligível, somente em um agir.

O sentido da liberdade como moralidade depende do cumprimento do imperativo categórico, a objetivação pelo agir da subjetividade volitiva.[63] Deste modo, "a natureza racional existe como um fim em si. É assim que o homem se representa

---

[62] KANT, Immanuel. *Fundamentação da Metafísica dos Costumes...*, p. 152

[63] "Manifestada pela lei imbora (deves, logo podes), a liberdade está, de ora em diante, conformada em sua realidade; ela permanece tão incompreensível como antes; nem por isso penetramos mais a sua natureza, compreendemos, porém, a *priori* a sua possibilidade porque ela é condição da lei moral que nos é revelada no respeito e na obediência." (CHÂTELET, François. *História da Filosofia: Ideias, doutrinas.* Vol 5. Trad. Guido de Almeida. Rio de Janeiro: Zahar Editores, 1974, pp. 30-31).

necessariamente a sua própria existência"[64]. Ao agir como ser livre e autônomo, o indivíduo deve considerar o ser humano como fim em si mesmo. Este é efetivamente o imperativo prático na qual todas as leis da vontade encontram sua fonte: "Age de maneira que uses a humanidade, tanto na tua pessoa como na de qualquer outro, sempre e simultaneamente como fim e nunca simplesmente como meio"[65]. Ao agir de forma a manter o equilíbrio entre os arbítrios, o indivíduo não está tendo sua liberdade limitada: a está reafirmando.[66]

A liberdade em Kant coexiste em duas faces, em duas concepções que se completam. Nesse sentido, explica Soraya Nour:

> Com esses dois conceitos de liberdade, Kant estabelece uma vinculação entre princípios universais da razão prática e a natureza particular da vida das pessoas: o ser humano é considerado ao mesmo tempo ser racional que segue a lei moral (a qual todos poderiam dar seu consentimento), e ser que persegue seus interesses particulares (sua própria concepção de liberdade), sem impedir os outros de fazerem o mesmo.[67]

Em Rawls, com larga influência do kantismo, a garantia de um sistema de liberdades é uma escolha racional desinteressada de cada um dos indivíduos. Conforme sua leitura sobre Kant, Rawls afirma que "uma pessoa age de modo autônomo quando os princípios de sua ação são escolhidos por ela como a expressão mais adequada possível de sua natureza de ser

---

[64] KANT, Immanuel. *Fundamentação da Metafísica dos Costumes...*, p. 135.

[65] Ibidem.

[66] "Kant is saying that the ends of others - if morally permissible - set limits to the ends we ourselves may pursue. We must respect the permissible ends of others, and we may make others serve our own purposes only when they as moral agents assent to such use, as when someone willingly takes a job working for another. Thus we may not pursue our own ends if they impermissibly conflict with the ends of others. We are also to forward the ends of others, a point to which I will shortly return." (SCHNEEWIND, J.B. Autonomy, obligation, and virtue: A overwiew of Kant,s moral philosophy., p. 322).

[67] NOUR, Soraya. O legado de Kant à Filosofia do Direito. *Revista Prisma Jurídico.* São Paulo: Uninove, 2004, p. 99.

racional e livre"[68]. Independentemente da classe social ou das influências de seu exterior, o ser humano poderia agir de acordo com a lei moral e isso o permitirá ser livre, e uma vez que todos devem ser autônomos para serem livres, há uma pressuposição de igualdade como na possibilidade da autonomia.

Ao lado dessa busca pela garantia de liberdade, pode ser encontrada uma necessidade por igualdade. Apesar de muitas vezes serem tidas como antagônicas e até mesmo excludentes, liberdade e igualdade são ideias diferentes, mas que caminham juntas e se completam. Evidentemente a concepção de igualdade neste caso é a igualdade política, em que se observa que para que haja em uma instituição a liberdade política dos componentes, é necessário que pressuposta seja uma igualdade de condições entre eles.

A igualdade é uma ideia comum em todas as teorias da justiça. Apesar de não ser um princípio de justiça exatamente, a igualdade é um pressuposto lógico de aplicabilidade da justiça, pois em todas as teorias normativas de justiça há uma generalidade entre os seus destinatários. Mesmo que haja desigualdade entre grupos, ainda assim há igualdade decorrente da desigualdade. Ainda que em um sistema – que seria injusto na convicção de Rawls – certos grupos de homens recebessem mais privilégios institucionais e pudessem ter mais liberdades que outros por questões econômicas ou étnicas, ainda sim entre os menos favorecidos e menos livres haveria um padrão de igualdade na injustiça. Conforme explica Kelsen, "a regra de que os que são iguais devem ser tratados igualmente é uma consequência lógica do caráter geral de todas as normas de justiça".[69] Portanto, ainda que em uma teoria que aos olhos de Rawls pudesse ser injusta, a igualdade estaria presente, ainda que para reafirmar uma desigualdade maior. A igualdade em uma teoria da justiça, como a de Rawls, é uma exigência da

---

[68] RAWLS, John. *Uma Teoria da Justiça...*, p. 313.
[69] KELSEN, Hans. *O Problema da Justiça*. 5 ed. Trad. João Baptista Machado. São Paulo: Martins Fontes, 2011, p. 58.

lógica[70] não da própria justiça em si.

Desde Aristóteles, há a contemplação na ideia de igualdade, ainda que não de forma plena. Naquele momento, a igualdade era vinculada ao cidadão, figura totalmente desvinculada do homo sapiens como um todo. Apesar de afirmar que o homem é um animal político, nem todo homem poderia ser um animal político.

A igualdade alcança um refinamento maior a partir dos teóricos do Estado Moderno. A igualdade, em seu sentido formal, foi objeto de gradativos reconhecimentos, desde Hobbes. A universalidade da igualdade é um conceito que se tornou complexo com o aumento da própria complexidade das relações sociais.

Nos pressupostos de um Estado de Direito, a igualdade deve estar presente em todas elas, como correlata da liberdade. Ao se afirmar que a lei deve ser geral e abstrata de forma a alcançar a todos, significa dizer em um primeiro momento que todos estariam sujeitos aos efeitos de determinada norma jurídica, sem distinção. Todos assim estariam iguais perante a lei e perante ela teriam sua liberdade. A liberdade de participação política é uma igualdade na participação política. Aquele que não é igual ao outro na sua expressão de vontade, não é tão livre quanto o outro, sendo menos autônomo politicamente. Este talvez seja o ponto tocado por Kant, com base no pensamento de Rousseau, sobre a lei ser a expressão da livre vontade popular. Ser livre é agir de acordo com as leis provindas de nossa vontade[71]. Ao conceber que o homem é autônomo por seguir máximas provindas de sua racionalidade, concebe-se que todos os homens devem estar em uma situação e igualdade na formulação e participação desta máxima.

Rawls dedica especial atenção ao tema na parte final de *Uma*

---

[70] KELSEN, Hans. *O Problema da Justiça...*, p. 61.

[71] "O principal objetivo de Kant é aprofundar e justificar a ideia de Rousseau de que a liberdade consiste em agir de acordo com as leis que instituímos por nós mesmos. E isso não conduz a uma moralidade de obediência austera, mas sim a uma ética de auto-estima e respeito mútuo" (RAWLS, John. *Uma Teoria da Justiça...*, p. 313).

Teoria da Justiça, ao destacar, em relação ao fundamento da igualdade em uma sociedade justa, os três níveis de sua aplicação[72]:

1. Na administração de instituições como sistema público de normas: A igualdade neste nível é pensada como justiça como regularidade. Assim, deve-se interpretar e aplicar leis de modo imparcial e semelhante a casos semelhantes[73];

2. Na estrutura substantiva das instituições: neste nível, o significado de igualdade dependerá dos princípios de justiça, cuja exigência é de que os direitos fundamentais devam ser atribuídos a todos[74];

3. Na definição de quais os seres aos quais devem ser atribuídas as garantias da justiça. Neste caso, Rawls acaba por concluir que não apenas os que tem capacidade para a personalidade moral para participar e agir, mas também a outros que não a possuem em razão de nascimento ou acidente[75]. Esta é uma questão interessante em seu pensamento. A atribuição de direitos dependerá da capacidade de possuir personalidade moral, não sua efetivação[76]. A possiblidade de agir e aplicar princípios de justiça é uma vantagem natural e seu exercício é uma questão a ser resolvida pelo princípio da diferença[77].

Nesse sentido, "afirmar que os seres humanos são iguais significa dizer que nenhum deles tem direito a tratamento preferencial na ausência de razões prementes para isso"[78]. Portanto, esta concepção substancial de igualdade é determinante para a compreensão correta do primeiro princípio, o da liberdade igual.

Como um herdeiro do pensamento de Kant, Rawls pensa em um sistema geral de liberdades em um âmbito interno, na

---

[72] Ibidem, p. 622.

[73] Ibidem, p. 622-623.

[74] Ibidem, p. 623.

[75] Idem

[76] Ibidem, p. 626.

[77] Ibidem, p. 623.

[78] Ibidem, p. 626.

instituição de uma sociedade justa com a justiça como equidade, e em um âmbito internacional, a ser desenvolvido em sua obra *O Direito dos Povos*. Embora haja um aparente retrocesso nas questões universalistas dos direitos humanos[79], as diversas facetas da liberdade são trabalhadas por Rawls na composição do sistema geral de liberdades. Tais liberdades fariam parte da principal composição dos direitos fundamentais dos cidadãos em um Estado.

Rawls inicia seu raciocínio de que a justiça seria a virtude primeira das instituições. Para tal, essa instituição deveria priorizar a inviolabilidade do indivíduo, mesmo em nome de um interesse geral. Esta primeira diretriz, que mais tarde comporá o em Rawls a concepção de justiça mais razoável, coloca freios à ideia de supremacia do interesse público sobre o particular.

Para Rawls, a sociedade é constituída por uma associação mais ou menos autossuficiente de pessoas que em suas relações reconhecem regras de conduta. Estas relações mútuas representam uma identidade ou um conflito de interesses, que deve ser mediado através de princípios de justiça. Isto significa dizer que a justiça se define em dois momentos cruciais: (i) a identificação dos princípios de justiça que devem regular a estrutura básica da sociedade; (ii) a aplicação destes princípios para compor os conflitos de interesses mediante uma justiça distributiva realizada de forma equitativa.

Daí porque o objeto primário da justiça é a estrutura básica da sociedade e os seus sujeitos diferem-se segundo o momento em que a justiça como equidade atua. No primeiro momento, isto é, na identificação dos princípios da justiça, os sujeitos são

---

[79] "No direito cosmopolita, Kant estabelece uma unidade entre as esferas interna e internacional. Sob esse aspecto, parece-nos que o pensamento de Rawls representa um certo retrocesso. Em *O direito dos povos*, ele não apresenta a mesma posição original do direito interno esse dualismo tem relação com a questão dos direitos humanos". (FERNANDES, Antonio de Pádua. A Fundamentação Ética do Direito Internacional em Kant: à Paz Perpétua. Revista Prisma Jurídico. vol. 3. São Paulo: Uninove, 2004 p.161-162)

os homens livres e racionais que, ao se comprometerem na cooperação social, concebidos na posição original, definem os princípios mediante consenso. No segundo momento, ou seja, na justiça distributiva, os sujeitos são as instituições sociais básicas (conceito público de justiça). Isto fica muito claro na passagem de Rawls sobre o objeto da justiça:

> Para nós o objeto primário da justiça é a estrutura básica da sociedade, ou mais exatamente, a maneira pela qual as instituições sociais mais importantes distribuem direitos e deveres fundamentais e determinam a divisão de vantagens provenientes da cooperação social. Por instituições mais importantes quero dizer a constituição política e os principais acordos econômicos e sociais[...]. Tomadas em conjunto como um único esquema, as instituições sociais mais importantes definem os direitos e deveres dos homens e influenciam seus projetos de vida[80].

O interesse público deve existir, mas não de forma que justifique a violação de determinadas liberdades do indivíduo. Apenas quando tal liberdade comprometer de certa forma o sistema geral de liberdades é que poderia ser tolhida, mas somente de forma a preserva o sistema. Rawls trabalha com alguns aspectos da liberdade de forma específica, limitando-as em razão do que as partes em no acordo original considerariam para o desenvolvimento individual e para o exercício de sua personalidade moral. As liberdades fundamentais consagradas no primeiro princípio

> São especificadas por uma lista, que é a seguinte: a liberdade de pensamento e de consciência; as liberdades políticas e a liberdade de associação, assim como as liberdades especificadas pela liberdade e integridade da pessoa; e, finalmente, os direitos e liberdades abarcados pelo império da lei[81].

Essas liberdades, consagradas no primeiro princípio de justiça, tem um caráter restrito, enumerando as liberdades primordiais, de forma a não generalizar e não comprometer o caráter prioritário da liberdade.

---

[80] RAWLS, John. *Uma Teoria da Justiça...*, p. 8.
[81] RAWLS, John. *O Liberalismo Político...*, p. 346.

O pensamento por Rawls defendido sobre quais seriam as prioritárias liberdades provocou uma ruptura no pensamento liberal clássico ao não consagrar o direito de propriedade abrangente como uma liberdade primordial ou ainda como aquele direito o qual o Estado existe para proteger. Rawls defende a proteção da propriedade privada na medida em que ela é utilizada para o desenvolvimento das capacidades morais do homem[82]. Nesse sentido, uma concepção de propriedade absoluta contraria a concepção de justiça deliberada na posição original porque além de contrariar o segundo princípio não se enquadra nas liberdades protegidas pelo primeiro princípio.

A ideia de preservação das liberdades do cidadão na linguagem direito constitucional seria a garantia institucional de um núcleo rígido de direitos fundamentais. Esses direitos fundamentais não devem ser violados, nem em nome de um bem comum, ainda que esse bem comum cause benefício ao maior número de pessoas em uma sociedade. Este raciocínio é um ataque ao utilitarismo, corrente filosófica que se coaduna com ações do Estado com o fim de causar um bem estar geral ao maior número de pessoas possíveis, ainda que haja a violação dos direitos (ou liberdades) de alguns.

A liberdade em um sistema de garantia de direitos é um de seus fundamentos e um dos próprios direitos subjetivos. No

---

[82] "Entre as liberdades fundamentais da pessoa está o direito de adquirir e de ter o uso exclusivo da propriedade pessoal. O papel dessa liberdade é permitir uma base material suficiente para haver um sentimento de independência pessoal e auto-respeito, ambos essenciais para o desenvolvimento e exercício das capacidades morais. Duas concepções mais abrangentes do direito de propriedade, enquanto uma liberdade fundamental deve ser evitada. Uma dessas concepções amplia o direito de propriedade para que se incluam certos direitos de aquisição e herança, assim como o direito de possuir meios de produção e recursos naturais. N o tocante à outra concepção, o direito de propriedade inclui o direito igual de participar do controle dos meios de produção e recursos naturais, que devem considerar-se propriedade social. Essas concepções mais amplas não devem ser usadas porque não podem, a meu ver, ser consideradas necessárias para o desenvolvimento e exercício das capacidades morais". (Ibidem, p. 352).

universo rawlsiano, a liberdade é um direito porque é o produto do equilíbrio reflexivo oriundo da racionalidade dos signatários hipotéticos em uma situação de imparcialidade e igualdade. A liberdade fundamenta a instituição social, sendo o primeiro princípio a ser seguido em uma concepção de justiça razoavelmente aceita em uma sociedade.

Como produto da escolha racional das partes, o princípio da liberdade igual surge como primeira diretriz de uma concepção razoável de justiça. Se a justiça se conceitua no equilíbrio entre os diversos interesses de partes em uma situação de igualdade, o que leva a este equilíbrio é a concepção de justiça formada pela conjugação entre os dois princípios e a regra de prioridade.

Como a liberdade é aquilo que permite as partes a chegarem ao equilíbrio e à concepção e justiça na posição original, este sistema não se sustentaria se a proteção à liberdade não fosse prioritária.[83] Não meramente uma diretriz de justiça procedimental, este princípio se perfaz no agir racional das partes na posição original com a finalidade de garantir seus interesses ainda desconhecidos.

Após um refinamento de seu raciocínio, Rawls assim reformula o primeiro princípio da concepção de justiça como equidade: "Toda pessoa deve ter um direito igual ao sistema total mais abrangente de iguais liberdades fundamentais que seja compatível com um sistema similar de liberdade para todos"[84].

Tal reformulação do primeiro princípio consta no final do Capítulo IV de *Uma Teoria da Justiça*, após discutir os estágios que constituem a estrutura básica da sociedade, de conceituar a liberdade e de discutir alguns problemas que podem ser decorrentes deste conceito, Rawls reformula o primeiro

---

[83] "A posição original é especificada de forma a incorporar a devida reciprocidade e igualdade entre pessoas assim concebidas; e, já que seus objetivos e interesses fundamentais estão protegidos pelas liberdades de que trata o primeiro princípio, elas conferem prioridade a tal princípio" (RAWLS, John. *Uma Teoria da Justiça*...., p. 669).

[84] Ibidem, p. 311.

princípio acoplando nele já a ideia de prioridade da ordem lexical. Somente pra verificar a diferença, o primeiro princípio em sua concepção bruta é "cada pessoa deve ter um direito igual ao sistema mais extenso de iguais liberdades fundamentais que seja compatível com um sistema similar de liberdades para as outras pessoas".[85]

Ao buscar uma definição para liberdade, inicia por uma bruta definição no agir humano: os homens são livres, estão livres de alguma restrição e podem escolher o que fazer e o que não fazer. A liberdade em uma estrutura básica da sociedade se percebe então pelas disposições normativas a respeito da conduta humana, que define direitos e deveres.[86] Esses direitos se baseiam em uma concepção de liberdade inviolável e que somente pode ser restrita quando o exercício deste direito interfere e ameaça o sistema geral estabelecido. O destinatário de direitos e deveres não são apenas os particulares, mas também os funcionários do Estado, que não devem intervir em direitos do cidadão. Como o sistema de liberdades é um conjunto unificado, cada uma das liberdades depende da outra, sendo necessário em determinados casos estabelecer regulamentação para equilibrar liberdades quando em situação conflitante.

Esse é o objetivo do estabelecimento de uma concepção de justiça, tendo como ponto de partida "a estrutura das instituições básicas e os princípios, critérios e preceitos que se aplicam a ela, bem como a forma pela qual essas normas devem estar expressas no caráter e nas atitudes dos membros da sociedade que realizam seus ideais."[87] Como o objeto da justiça é a estrutura básica da sociedade, ou seja, como as instituições sociais estabelecem a distribuição e direitos e deveres fundamentais e em decorrência disso, a divisão das vantagens

---

[85] Ibidem, p. 73.

[86] "Nesse contexto, os indivíduos têm liberdade para fazer alguma coisa quando estão livres e certas restrições, quer para fazê-la, quer para não fazê-la, e quando o ato de fazê-la ou não fazê-la está protegido contra a interferência de outras pessoas" (Ibidem, p. 248).

[87] RAWLS, John. *O Liberalismo Político...*, p. 54.

provindas da cooperação entre as pessoas.

Rawls entende que as principais instituições são a constituição política e os arranjos socioeconômicos, que definem os direitos do cidadão daquela determinada sociedade de forma a repercutir em seus individuais projetos de vida. Nesse raciocínio, ao se definir a concepção de justiça na posição original, o passo seguinte para se estabelecer o sistema de normas públicas justas é a formulação da Constituição.

Sem entrar na discussão sobre o sentido político, sociológico ou jurídico, é utilizado o termo Constituição em seu sentido mais usual como a lei fundamental de um ordenamento, "que contém normas respeitantes à organização básica do Estado, ao reconhecimento e à garantia dos direitos fundamentais do ser humano e do cidadão, às formas, aos limites e às competências do exercício do Poder Público"[88]. A Constituição nesses termos é o primeiro estágio para o estabelecimento da estrutura básica que concretiza a concepção de justiça.

A concepção política, assim, terá três características básicas: i) o objetivo; ii) o modo de apresentação; iii) o conteúdo.

A concepção política, em primeiro lugar, é uma concepção moral elaborada para uma função e um objeto específicos, a estrutura básica (principais instituições políticas, econômicas e sociais) de uma sociedade caracterizada por um regime democrático constitucional. Diz Rawls: "o foco inicial de uma concepção política de justiça é a estrutura das instituições básicas e os princípios, critérios e preceitos que se aplicam a ela"[89]. Também se expressa como tais normas influenciam o comportamento dos membros desta determinada sociedade.

A concepção política de justiça tem, como segunda característica, ser uma concepção razoável para a estrutura da sociedade básica unindo um consenso sobreposto sobre as ideias de bem. Não é, todavia, derivada de uma doutrina

---

[88] FERRAZ JUNIOR, Tércio Sampaio. *Introdução ao Estudo do Direito*. 5 ed. São Paulo: Atlas, 2007, p. 229.
[89] RAWLS, John. *O Liberalismo Político...*, p.54.

abrangente. É sim sustentável independentemente da relação com uma doutrina abrangente, por mais próxima que esta seja da concepção de justiça. É composta de certas ideias fundamentais consideradas essenciais na cultura política e pública de uma sociedade democrática. Neste sentido, "significa que pode ser apresentada sem que se afirme, saiba ou se arrisque uma conjectura a respeito das doutrinas a que possa pertencer ou de qual delas poderá conquistar apoio"[90].

A terceira característica é a expressão de seu conteúdo por meio de ideias fundamentais em uma cultura democrática. Em conformidade com o pensamento de Rawls, regimes antidemocráticos não são possíveis para promoção de sociedades justas. O arranjo institucional deverá sempre ser democrático e constitucional, uma vez que também é preciso a presença de uma Constituição (em harmonia com os valores do constitucionalismo liberal) presente em uma sociedade política para a concretização possível dos princípios de justiça.

A proteção de tais direitos somente pode ser assegurada em um regime constitucional e democrático. Somente assim os dois princípios de justiça têm alguma possibilidade concreta de serem realizados A exclusão de Rawls acerca de que a concepção de justiça proposta por ele é a unicamente aceitável se justificaria por não vislumbrar outro modo de realização de justiça racionalmente aceitável.

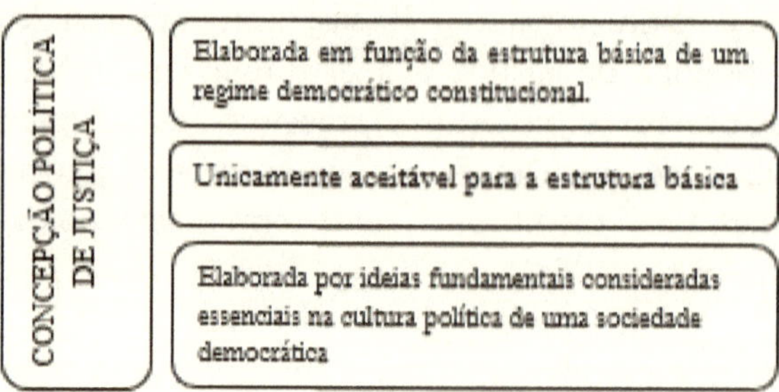

A elaboração da teoria de Rawls é claramente pensada

---

[90] Ibidem, p.55.

apenas para algumas sociedades, ainda que não de modo específico e tampouco para qualquer sociedade do mundo (ainda que tenha pretensão claramente universalista.

Ao vincular a justiça com a estrutura básica da sociedade, Rawls concebe uma preocupação central com a justiça política. Uma vez que o objeto da justiça é a constituição e as instituições sociais, a concepção de justiça a ser concretizada é uma concepção de justiça política, pois somente se encontra a justiça frente às instituições sociais.

As partes após o acordo original realizam a convenção constituinte. Não apenas a Constituição deve ser justa, mas também o procedimento para a escolha desta Constituição deve atender à concepção de justiça resultante do acordo original.

Rawls se depara com um problema no estabelecimento da Constituição após o acordo original: conceber uma Constituição justa de forma a se aproximar o máximo possível de uma justiça procedimental perfeita, ainda que essa não seja alcançável fatidicamente. A Constituição justa é uma concretização da justiça procedimental imperfeita, pois seria impossível alcançara justiça procedimental perfeita. Nas palavras de Rawls, a Constituição justa pode ser definida como "aquela que seria acordada por delegados racionais em uma convenção constitucional, orientados pelos dois princípios de justiça"[91].

Enquanto o procedimento são as etapas processuais que regem a Constituição, o resultado se definiria nas leis promulgadas, sempre com a limitação da concepção de justiça. Outro problema é a escolha, entre os arranjos procedimentais que sejam justos e factíveis, aquele que possivelmente possa estabelecer uma ordem jurídica justa e eficaz. Neste mesmo sentido é que Rawls deixa evidente que leis e políticas justas seriam "aquelas que instituídas no estágio legislativo por legisladores racionais, dentro das limitações impostas por uma constituição justa e que se esforçam conscientemente por

---

[91] RAWLS, John. *Uma Teoria da Justiça...*, p. 445.

seguir os princípios de justiça como seu critério"[92].

A liberdade se coaduna diretamente com o sentido de Estado de Direito (*Rule of Law*), como manifestação do que Rawls chama de justiça como regularidade (*justice as regularity*). Esta por sua vez se relaciona com o sistema jurídico de um Estado. Para Rawls, um sistema jurídico "é uma ordem coercitiva de normas públicas voltada para pessoas racionais, com o propósito de reger sua condita e prover estrutura de cooperação social"[93]. Assim, os preceitos de justiça devem ser interpretados de acordo com a noção de Estado de Direito Todavia, uma vez que a exigência do direito somente pode ser aceita se institucionalmente for possível compelir pessoas a cumpri-lo[94] (ou seja, no sentido de eficácia social), a Constituição não deve ser apenas justa e aplicável, mas oferecer um sistema de estabilidade do direito a partir dela formada.

Como produto de uma justiça procedimental imperfeita, a Constituição, para Rawls, "deve ser um procedimento justo que satisfaça as exigências da liberdade igual; e, em segundo lugar, deve ser estruturada de modo que, dentre todos os arranjos justos viáveis, seja aquele que tem maiores probabilidades de resultar num sistema de legislação justo e efetivo"[95].

As partes "sujeitas às restrições dos princípios de justiça já escolhidos, devem elaborar um sistema para os poderes constitucionais do governo e para os direitos fundamentais dos cidadãos".[96] A justiça no procedimental deve atender também ao princípio da liberdade igual no tocante à igualdade de liberdade na participação na convenção constituinte, ou seja, da lei fundamental do sistema de normas públicas que regeriam a sociedade. Sendo pressuposta na convenção constituinte, "a igualdade quer-se inicial e de circunstâncias, de forma a garantir uma representação equitativa dos cidadãos perante o poder

---

[92] Idem.
[93] Ibidem, p. 291.
[94] Ibidem, p. 293.
[95] Ibidem, p. 273
[96] Ibidem, p. 241.

político, representação essa definida na lei fundamental."[97]

O princípio da liberdade igual, ao ser aplicado ao procedimento político definido pela Constituição, define o princípio da igual participação política, que "exige que todos os cidadãos tenham um direito igual de participar do processo constituinte que define as leis às quais obedecer, bem como seu resultado final."[98] O regime político escolhido pressuposto por Rawls para atender à concepção de justiça é o democrático.

O regime democrático que atenderia ao princípio da liberdade igual seria aquele em que o voto de cada um dos indivíduos, no exercício de sua liberdade política em escolher seus representantes no exercício do poder, pudesse ter o mesmo peso em comparação aos outros. Cada qual contaria com o mesmo peso, o voto de cada um teria o mesmo valor matemático no cômputo do resultado, de forma a assegurar a igualdade de condições entre os cidadãos. Uma possível desigualdade poderia ser justificada no caso de compensação com uma maior proteção das outras liberdades, como no caso das restrições ao alcance da regra da maioria na tomada das decisões[99]. Não havendo tais restrições, Rawls acabaria por cair em uma deliberação de cunho utilitarista, o que violaria o caráter deontológico de sua teoria.

O direito na teoria da justiça como equidade seria emitido com um fim de se aproximar de forma mais próxima possível da justiça e da eficácia. Legitimada por ter sido escolhida em um processo deliberativo e representativo, a Constituição tem

---

[97] MELO, Frederico Alcântara de. John Rawls: uma Noção de Justiça. *Faculdade de Direito da Universidade Nova Lisboa Working Papers*. Lisboa: Working Paper 9/2001. p. 7.

[98] RAWLS, John. *Uma Teoria da Justiça...*, p. 273.

[99] "A extensão do princípio da participação é definida como a medida em que o procedimento da regra (pura) da maioria é limitado pelos mecanismos próprios do constitucionalismo. Esses instrumentos servem para limitar o alcance da regra da maioria, os tipos de questões em que a maioria não tem autoridade suprema e a rapidez com que os objetivos da maioria são postos em prática [...] Acredita-se que uma constituição que restringe a regra da maioria, por meio de vários expedientes tradicionais, conduz a um corpo de legislação mais justo". (Ibidem, p. 283).

a função primordial e garantir a estabilidade do sistema de liberdades mútuas. Efetivamente, justiça política e democracia caminham juntas para proporcionar a liberdade, realizando um ciclo interdependente de liberdade na participação política e outras liberdades pessoais. A justiça política se realizaria apenas com o regime democrático[100].

Esse direito resultante da teoria rawlsiana é uma concepção de normas jurídicas justas e eficazes, ou melhor, mais justas e eficazes possíveis. O estabelecimento de normas jurídicas se coaduna perfeitamente com a problemática da liberdade desenvolvida por Rawls e pelos outros contratualistas. O direito estabelecido será composto de mandamentos que interferem em um daqueles ditames básicos de liberdade: ou uma permissão, uma proibição ou uma escolha dentro de um sistema de liberdades básicas. O direito rawlsiano é composto por normas jurídicas resultantes de um procedimento justo. As normas jurídicas compõem um ordenamento jurídico que estrutura a sociedade, coordenadas por uma espinha dorsal: a Constituição e as autoridades competentes dela decorrentes.

O direito e a liberdade são coexistentes no que Rawls poderia chamar de Estado de Direito. O Estado formulado à luz da concepção de justiça da posição original é o que tem em sua Constituição a segurança necessária ao cidadão para o

---

[100] O vínculo de democracia com liberdade demonstrada em Rawls foi de grande influência para Amartya Sen elaborar sua teoria, ao estender o conceito de liberdade com o de desenvolvimento humano. Em seu livro, Sen demonstra com dados empíricos que as pessoas conseguem maior desenvolvimento pessoal, ou seja, atenderem ao seu esperado e buscado preceito de liberdade, em Estados com o regime democrático. Em suas palavras, "os direitos políticos e civis dão às pessoas a oportunidade de chamar a atenção eficazmente para as necessidades gerais e exigir a ação pública apropriada. A resposta do governo ao sofrimento intenso do povo frequentemente depende da pressão exercida sobre esse governo, e é nisso que o exercício dos direitos políticos (votar, criticar, protestar etc.) pode realmente fazer a diferença. Essa é uma parte do papel instrumental da democracia e das liberdades políticas". (SEN, Amartya. *O Desenvolvimento como Liberdade*. Trad. Laura Teixeira Mota. São Paulo: Companhia das Letras, 2010, p. 199).

exercício de sua liberdade. A Constituição atenderá aos preceitos de justiça se irradiar normas de tal forma que a interferência na liberdade do indivíduo seja somente quando o exercício e sua liberdade interferir na liberdade dos demais.

Os movimentos oficialmente exigíveis e proibidos são os que interferem de certa maneira na liberdade do destinatário da norma. Dentre as espécies normativas diversas, a lei expressa a vontade do legislador em atingir uma generalidade de pessoas com o fim de exigir ou proibir determinado comportamento. Esta vontade por sua vez deve estar de acordo com os mandamentos constitucionais, que regulamentam inclusive a liberdade do legislador. Na justiça como equidade, essa limitação se expressaria pela concepção de justiça, principalmente na garantia de um sistema de liberdades.

A liberdade de consciência, entre todas as faces da liberdade em Rawls, um das primordiais. Apesar do véu da ignorância retirar dos signatários o conhecimento sobre situações específicas e sua posição na sociedade, eles já podem reconhecer anteriormente este princípio. A liberdade de consciência, de forma a ser compatível com um sistema geral de liberdades, deve estar presente na Constituição do Estado. Portanto, o direito precisa assegurar a livre expressão da consciência de seus cidadãos, como forma atender ao princípio da liberdade igual. Na convenção constituinte desta sociedade justa, haveria a opção por um regime político no qual os direitos à livre escolha de práticas religiosas, de acepções morais e principalmente, a liberdade de pensamento, fossem respeitados e assegurados.

Essa liberdade de consciência deve ser somente regulada em casos da ameaça à liberdade de uma forma geral, no qual o Estado desempenha um papel de manutenção da ordem[101]. A justificativa para Rawls não é a de que haja um interesse público

---

[101] "Parece evidente que, ao limitar a liberdade de acordo com o interesse comum na ordem e na segurança públicas, o Estado age com base em um princípio que seria escolhido na posição original, pois, nessa posição, todos reconhecem que o comprometimento dessas condições representa um risco para a liberdade de todos." (RAWLS, John. *Uma Teoria da Justiça...*, p. 262).

acima das concepções morais de cada um, mas apenas o dever do Estado agir em conformidade com o que as partes no acordo original pactuaram a respeito da manutenção do sistema geral de liberdades. Um Estado livre de uma religião oficial é o que Rawls considera essencial para efetivamente ser possível a liberdade de consciência, pois é legítimo o Estado apenas para assegurar que os cidadãos tenham de forma igual o direito a se expressar.[102]

---

[102] "O Estado não pode favorecer nenhuma religião específica e nenhuma penalidade ou incapacidade legal pode estar vinculada a uma dada afiliação religiosa ou ausência dela. Rejeita-se a ideia de um Estado confessional. [...] Seu dever limita-se a garantir as condições de igual liberdade moral e religiosa". (RAWLS, John. *Uma Teoria da Justiça...*, p. 260-262).

3

Imparcialidade, escolha racional e liberdade

A equidade é indissociável da imparcialidade. Rawls assim pressupõe que no exercício da racionalidade dos signatários cobertos pelo véu da ignorância e atendendo à equidade, o resultado seria os princípios que formam a concepção de justiça.

Um de seus principais discípulos (e, por que não, críticos), Amartya Sen, identifica um problema neste primeiro ponto, em que "a imparcialidade pode assumir muitas formas diferentes e ter manifestações bastante distintas"[103]. Neste raciocínio, a imparcialidade pode se manifestar em uma concepção de justiça em que os princípios não seriam necessariamente os que Rawls identificou como os melhores para serem diretrizes de instituições justas.

Desta forma, se na posição original fossem escolhidos princípios que não os rawlsianos, a justiça poderia ser ainda como equidade. Outras concepções de justiça são passíveis de serem defendidas porque podem ser o resultado do equilíbrio dos interesses na posição original. Aqui pode ser identificado um primeiro problema, já que o acordo original de Rawls pressupõe a escolha não só necessariamente dos dois

---

[103] SEN, Amartya. *Desenvolvimento como Liberdade...*, p. 88.

princípios como também da ordem lexical em que são organizados.

Como Rawls argumenta, em uma situação em que indivíduos dotados de razão querem chegar a um objetivo comum, a escolha deve ser pautada em uma gama de opções possíveis, sempre com seu prévio conhecimento dessas possibilidades, carregando seus interesses particulares na tomada da decisão. A tendência natural do choque entre esses interesses é de um equilíbrio entre eles, que não necessariamente levaria a uma condição justa. Apesar de ser uma teoria procedimental pura, a justiça como equidade considera grande importância à questão dos sentimentos morais colocados na deliberação dos diversos pontos de vista, o que gera a defesa dos diversos interesses particulares e a transferência disso para o espaço comum não seria nada além de uma ação invasiva de convencimento de alguns interesses em detrimentos de outros.

Para evitar que haja um embate interminável sobre que concepção de justiça deve ser adotada – uma vez que se imagina que cada pessoa racional que conheça sua situação de vida defenda uma concepção que lhe possa beneficiar – a justiça como equidade trabalha com o cooperativismo social, já que a sociedade tende a ser um engajamento de vantagens mútuas. Nesta seara contratualista, além de se pensar em um vínculo obrigacional político dado pelo acordo, deve-se considerar os benefícios e sacrifícios que a adesão à determinada sociedade causaria no indivíduo. Portanto, há um importante cooperativismo na sociedade a ser levado em conta, no qual todos os indivíduos pertencentes devem contribuir de alguma forma e se beneficiarem de forma proporcional, já que "reconhecem claramente que não podem conseguir o que desejam sem a cooperação dos outros. Assim, o comportamento cooperativo é escolhido como uma norma de grupo para o benefício de todos"[104].

---

[104] SEN, Amartya. *A Ideia de Justiça*. Trad. Denise Bottmann. São Paulo: Companhia das Letras, 2011, p. 236.

Todavia, na defesa de seus pontos de vista particulares, os signatários de um acordo original procurariam uma forma de maximizar seus benefícios e minimizar suas contribuições. Neste ínterim, alguma teoria que saísse como resultado desta parcialidade geraria uma circunstância política injusta. A importância do uso do véu da ignorância como mecanismo busca pela imparcialidade se baseia em uma idealização cooperativista na qual as pessoas no acordo original não saibam suas próprias condições na sociedade e que desta forma consigam pensar em uma concepção de justiça por meio de um equilíbrio reflexivo em condições de justiça.

O véu cumpre sua função metafísica de forma a proporcionar a imparcialidade para a ponderação de juízos. Assim, conforme a explicação de Rawls,

> Interpreta-se o véu da ignorância de forma a significar não apenas que as partes não têm conhecimento de seus objetivos e fins individuais (exceto o que está contido na fraca teoria do bem), mas também que a evidência histórica lhes é inacessível. Não sabem, e não tem como enumerar, as circunstâncias sociais nas quais se encontram, ou a variedade de técnicas que sua sociedade possa ter à disposição. Não tem, portanto, nenhuma fundamentação objetiva para confiar em determinada distribuição probabilística e não em outra, e não é possível recorrer ao princípio da razão insuficiente como modo de contornar essa limitação [105].

Aqui cabe uma rápida reflexão sobre o princípio da razão insuficiente. Este tem sua função. segundo Rawls, na atribuição de probabilidades aos resultados possíveis derivados da ausência de informações permissivas à atribuição de fundamento às possibilidades em certa situação. Tal princípio é aplicado no caso de falta de informações suficientes na posição original, uma vez que nela se pensa que todas as possibilidades são igualmente prováveis

Outra importante orientação de escolhas em situações de grande incerteza consiste na já aqui citada regra *maximin*, contração de *maximum minimorum*, ou seja, "o máximo dos

---

[105] RAWLS, John. *Uma Teoria da Justiça...*, p.225.

mínimos". A regra *maximin*, diz Rawls, "determina que classifiquemos as alternativas partindo dos piores resultados possíveis: devemos adotar a alternativa cujo pior resultado seja superior aos piores resultados das outras"[106].

Rawls utiliza a ideia do *maxmin*, que é uma ideia da teoria econômica.A regra do maxmin é a forma como as pessoas vão pensar em tomar entre diversas concepções possíveis de deliberação sobre o que seria justiça, aquelas que fossem menos ruins, não necessariamente o que for melhor, mas o que menos prejudicar todo mundo. Em seu livro Rawls trabalha o dilema do prisioneiro, que é um tipo de jogo matemático que mostra como funciona essa regra do *maxmin*:

> Dois suspeitos, A e B, são presos pela polícia. A polícia tem provas insuficientes para os condenar, mas, separando os prisioneiros, oferece a ambos o mesmo acordo: se um dos prisioneiros, confessando, testemunhar contra o outro e esse outro permanecer em silêncio, o que confessou sai livre enquanto o cúmplice silencioso cumpre 10 anos de sentença. Se ambos ficarem em silêncio, a polícia só pode condená-los a 6 meses de cadeia cada um. Se ambos traírem o comparsa, cada um leva 5 anos de cadeia. Cada prisioneiro faz a sua decisão sem saber que decisão o outro vai tomar, e nenhum tem certeza da decisão do outro. A questão que o dilema propõe é: o que vai acontecer? Como o prisioneiro vai reagir?

Ao analisar este jogo, verifica-se que a única saída para que evitar uma derrota é a delação. Assim, o "player" considera racionalmente que não havendo delação e sendo delatado, haverá maior pena ao mesmo tempo em que o cúmplice obtém a liberdade (a vitória no jogo). Caso cada um dos jogadores optar pela saída na qual não se perde (ou melhor, se perde menos), a delação entre ambos será recíproca: o prisioneiro A e o prisioneiro B, ao delatarem um ao outro, atingirão o equilíbrio do jogo. O equilibro, obviamente, não é a melhor solução nem para A, nem para B. Porém, ao optarem pela delação, escolhem a opção menos ruim. Eis uma aplicação da regra *maximin*.

---

[106] Ibidem, p. 186.

Perceba-se: Qual é a ideia desse jogo? Qual é a hipótese que traria menos prejuízo a eles, individualmente? É a menos pior situação porque se o A fala que B é inocente, o B pode acusar a A e A terá que cumprir a pena sozinho, então, é menos arriscado A acusar B e quando A acusa ou ele vai se inocentar totalmente ou irá cumprir apenas a metade da pena, mas terá a chance de não cumprir a pena inteira. Então, de todas aquelas alternativas apresentadas é melhor que o prisioneiro A em sua confissão acuse B e para B sua melhor opção é acusar a A, porque na pior das hipóteses cada um só pegará cinco anos. Se ele não acusa o outro e fala que é inocente, na pior das hipóteses, um deles pode pegar 10 anos. Logo, o menor risco é um acusar o outro.

Veja-se um exemplo dado por Rawls: Imaginem três situações de sociedades: é preciso escolher qual delas seria a menos ruim.

Na primeira sociedade, todos deliberam que a renda média de todos deveria ser de R$ 2.000,00, ainda que existisse diferença entre pobres e ricos, todos teriam em média R$ 2.000,00 de renda mensal, mas apenas 85% das pessoas teriam direito a direitos fundamentais, ou seja, isso somente poderia ser acessível a 85% das pessoas. Imagine em uma sociedade escravocrata, 15% das pessoas não teria acesso a estes direitos, ou em algum outro tipo de sociedade, como a sociedade indiana de castas, onde algumas pessoas têm menos direitos que as outras. Ou seja, teria nesta primeira situação uma renda mensal maior, mas apenas 85% das pessoas teriam acesso a direitos fundamentais, os outros 15% poderiam ter ou não.

Na segunda sociedade há uma renda média de R$ 1.000,00 e apenas 85% das pessoas teriam esses direitos fundamentais.

Na terceira sociedade, a renda média seria de R$ 1.000,00, mas esses direitos fundamentais seriam estendidos a todas as pessoas.

Qual é a pior situação?

1	2	3
Renda R$ 2.000,00	Renda R$ 1.000,00	Renda R$ 1.000,00
85% das pessoas com direitos fundamentais	85% das pessoas com direitos fundamentais	100% das pessoas com direitos fundamentais

A pior situação é a 2 e a menos ruim é a 3; essa é a ideia do *maxmin*. Perceba-se que não há como saber onde qualquer membro da posição original irá ocupar na sociedade. Não é possível saber se cairão dentro destes 85% das pessoas que tem direitos ou dentre os 15% que não tem direitos. Então é preferível pensar em uma sociedade em que todos tem direitos, ainda que a renda média seja menor, porque uma vez garantidos direitos fundamentais, haveria alguma possibilidade de crescimento de renda. Então, seria melhor que o Estado garanta pelo menos R$ 1.000,00 para todo mundo por mês do que garantir R$ 2.000,00 apenas para 85%. Esta é a ideia do *maxmin*.

Como as pessoas desconhecem as suas características na posição original (afinal, estão cobertas pelo véu da ignorância!), elas precisam formular uma concepção de justiça possível – ou menos ruim possível (adequada à escolha racional). Rawls estabelece que ao final dessa deliberação haveria como o resultado necessário os dois princípios de justiça, que seria o resultado do debate acerca de questões razoáveis de justiça, sem que atenda diretamente seus interesses.

Há uma semelhança com o imperativo categórico de Kant, ainda que de outra base. O sujeito agir com a sua deliberação racional de forma a pensar no próximo porque a si mesmo você não tem como ter noção que você seria um valor não estabelecido; então você precisa de certa forma pensar em favorecer o próximo o máximo possível, porque este próximo pode ser você mesmo.

Com tal artifício, segundo argumenta Rawls, é possível manter a imparcialidade na escolha de uma concepção de justiça. Essa concepção de justiça deve levar em conta o cooperativismo entre os signatários originais, de forma que todos concordem em um sistema que possa oferecer vantagens e sacrifícios que não prejudiquem demasiadamente algum indivíduo. Neste sentido, a concepção de justiça deve ser pensada levando-se em conta que as partes não conhecem sua própria condição dentro da sociedade devido ao véu da ignorância, o que permitirá que as partes deliberassem com interesses comuns, ao mesmo tempo em que seus particulares interesses seriam impedidos de serem defendidos porque há um desconhecimento a este respeito.

As partes só saberiam sua posição social quando o véu da ignorância fosse retirado. Assim, necessário seria pensar nesta posição original em uma concepção de justiça que pudesse não beneficiar o máximo possível, mas sim que fosse oferecesse menos riscos. À parte, ao raciocinar sobre que princípios de justiça deveriam nortear aquela sociedade, não sabe seu gênero, sua etnia, sua classe social, sua comunidade religiosa, suas aptidões físicas e mentais e o tempo de sua sociedade, seu estágio civilizatório ou cultural. A parte não sabe de nada desses elementos, mas conhece seus conceitos. Além do mais, "os únicos fatos específicos que as partes conhecem é que sua sociedade está sujeita às circunstâncias de justiça e a qualquer consequência que decorram disso"[107].

Isso gera algumas reflexões de Rawls baseadas nas teorias da justiça então existentes e argumenta a favor de seus dois princípios de justiça. No caso do utilitarismo, corrente teórica de maior adversidade para o autor, as partes não concordariam com uma sociedade cuja concepção de justiça fosse utilitária para satisfazer o máximo de expectativas de uma maioria da sociedade. As partes, em seu desinteresse mútuo, não optariam uma sociedade que tivesse como diretriz a justiça dada pela maximização do prazer de uma maioria em detrimento de uma minoria. O caminho que leva a este raciocínio é que, como as partes desconhecem sua situação na sociedade, poderiam

---

[107] Ibidem, p. 167.

pertencer a uma minoria política ou social que teria seus direitos limados em favor dos interesses de uma maioria. Da mesma forma, uma sociedade cuja concepção de justiça permitisse discriminações raciais ou de gênero não seriam jamais acordadas na posição original.

No argumento a favor de seus dois princípios da justiça, Rawls defende a relação entre eles e a regra *maximin*, ou seja, a regra na qual se adota uma alternativa cujo pior resultado possível seja melhor que os piores resultados das outras[108]. A regra *maximin* parece ser uma proteção que as partes têm contra as arbitrariedades de um outro tipo de método de escolha, ainda que não necessariamente esperem sempre ter uma situação menos favorecida.

A opção pela regra *maximin* na tomada de decisão da concepção de justiça tem três características que são admissíveis[109]. A primeira é a que esta regra não leva em conta as circunstâncias possíveis. O véu da ignorância impediria que as partes consigam fazer estatísticas a respeito de seus possíveis lugares na sociedade, o que fortaleceria o desinteresse mútuo na manifestação de cada vontade. A segunda característica é que os signatários não são tendentes a se arriscar por um ou outro benefício a mais, já que o risco implicado na possibilidade de um ganho pode ser uma perda de grande parte de coisas mais importantes. Neste caso qualquer um que tivesse uma racional aversão por riscos demasiados adotaria a regra *maximin*. A terceira característica considera as alternativas rejeitadas de concepções de justiça seriam dificilmente aceitas ou intoleráveis para as partes.

Na suposição do produto da racionalidade imparcial dos signatários do contrato social na posição original, o primeiro princípio seria o da liberdade igual. Conforme o conceito deste princípio formulado por Rawls, "cada pessoa deve ter um direito igual ao sistema mais extenso de liberdades fundamentais que seja compatível com um sistema similar de

---

[108] Ibidem, p.186.
[109] Ibidem, p.188.

liberdades para outras pessoas"[110]. De acordo com o primeiro princípio, as instituições devem ser organizadas de forma que as liberdades fundamentais dos indivíduos não possam ser tolhidas. Na concepção defendida por Rawls,

> A liberdade é um padrão de convivência determinado por formas sociais. O primeiro princípio requer simplesmente que certos tipos de leis, aquelas que definem as liberdades fundamentais, se apliquem igualmente a todos e permitam a mais abrangente liberdade compatível com uma liberdade semelhante para todos. A única razão para restringir as liberdades fundamentais e torná-las menos extensas é que, se isso não fosse feito, interfeririam umas com as outras[111].

Conforme explica Morrison, "os que estão por trás desse véu escolheriam a liberdade como seu primeiro princípio, uma vez que, desconhecendo a situação real ou a sua própria concepção do bem-viver, isso lhes daria uma maior oportunidade de perseguir quaisquer ideais que prefiram"[112]. Ainda conforme Sandel, "insistiríamos na supremacia desse princípio sobre qualquer tentativa de maximização de bem-estar geral. Não sacrificaríamos nossos direitos e liberdades fundamentais em prol de benefícios sociais ou econômicos"[113].

Observa-se que a instituição política justa pressupõe não só uma prioridade em relação aos dois princípios, mas também numa necessária ordem de preferência nas possíveis contradições entre o primeiro e o segundo princípio. A ponderação entre esses dois princípios na filosofia rawlsiana se volta a favor do primeiro, o que evidencia uma raiz liberal em seu pensamento. Nesse caso, leciona Marrone:

> O próprio ordenamento lexicográfico dos princípios, ou seja, o fato de que o princípio de liberdade seja prioritário em relação ao princípio da diferença – é uma maneira de formular uma axiologia dos princípios estruturada de modo tal que, por exemplo, uma restrição de liberdade seja compatível somente com a salvaguarda

---

[110] Ibidem, p.73.
[111] Ibidem, p.74.
[112] MORRISON, Wayne. *Filosofia do Direito...*, p. 471.
[113] SANDEL, Michael J. *Justiça...*, p. 188.

da liberdade, mas não com a extensão do bem-estar social ou com a maior eficiência das instituições[114].

Para Höffe, "Rawls defende uma prevalência do primeiro princípio (direitos e liberdades) sobre o segundo princípio (chances, rendimento e bem-estar). Com isto, ele reconhece a (absoluta) prioridade dos objetos não-econômicos sobre os econômicos"[115]. Na defesa do liberalismo político de Rawls se evidencia a prevalência das liberdades sobre questões de distribuição de bens. Ainda que a justiça como equidade seja uma teoria igualitária, fica nítida em caso de embates sobre prioridades, a supremacia do indivíduo sobre o Estado ou a comunidade. O indivíduo, sujeito racional, formula um Estado baseado em dois princípios de justiça para o qual a segurança de direitos e liberdades é preferível a uma distribuição de bens em detrimento de daqueles.

---

[114] MARRONE, Pierpaolo. As tentativas de uma nova fundação: neoliberalismo, neocontratualimo e comunitarismo. In: DUSO, Giuseppe. *O Poder.* História da Filosofia Política Moderna. Trad. Andrea Ciacchi [et. al.] Petrópolis: Vozes, 2005, p. 499.
[115] HÖFFE, Otfried. *Justiça Política.* Trad. Ernildo Stein. São Paulo: Martins Fontes, 2006, p. 290.

4

Estado de Direito e Constituição

A construção teórica do Estado de Direito, na concepção delineada que é apresentada hoje, se baseia em muitos aspectos na ideia de liberdade. Liberdade e Estado de Direito são correlatos. Muito mais que um mero "princípio" jurídico, o problema da liberdade é amplamente tutelado pelo direito. A norma jurídica tem a primordial função e regular a conduta humana, resvalando em sua liberdade em qualquer de suas derivações.

O crescente espaço que o direito toma na vida social reflete na liberdade individual, tornando ainda mais complexa a acepção de liberdade: quanto maior for o número de normas de um ordenamento jurídico regulando a conduta de uma sociedade, menos livres aparentemente seriam suas ações, que encontrariam um maior número de "fazer" ou "deixar de fazer". Em outra vertente, este mesmo inchaço normativo demonstra uma maior liberdade das ações, pois as normas são expressão da vontade geral, das mútuas liberdades, da autonomia.

Nesse ponto, faz-se necessário refletir mais um pouco a respeito da concepção de autonomia em Rawls, bem como diferenciar as noções de autonomia racional e autonomia plena.

A autonomia racional se origina das faculdades intelectuais e morais das pessoas. Pode-se observar sua expressão, pelos cidadãos, tanto na formulação de uma concepção de bem quando na defesa em relação à sua concretização. Uma questão que importa nesta definição é aferir quando os cidadãos seriam racionalmente autônomos. Rawls define dois modos: (i) os cidadãos são livres para buscar a realização de suas concepções de bem, dentro dos limites da justiça política; (ii) os cidadãos se inclinam a assegurar interesses relacionados às suas faculdades morais. Assim, a autonomia racional não pode ser considerada um modo de autonomia política, uma vez que seu exercício nos limites da justiça política.

Em uma sociedade bem-ordenada, porém, percebe-se a realização da autonomia plena dos cidadãos. Estes os são quando os cidadãos agem em conformidade com os princípios de justiça por concordarem com eles, não meramente por temerem a sanção estatal em caso de inobservância de uma norma.

Incialmente, Rawls denomina sociedade bem-ordenada como aquela na qual não meramente há a promoção do bem de seus membros, mas também quando é regulada por uma concepção pública de justiça[116], que por sua vez pode ser imaginada "como aquilo que constitui a carta fundamental de uma associação humana bem-ordenada"[117]. Assim, a sociedade bem-ordenada será aquela na qual "(1) todos aceitam e sabem que os outros aceitam os mesmos princípios de justiça; e (2) as instituições sociais fundamentais geralmente atendem, e em geral se sabe que atendem, a esses princípios"[118].

Uma das questões essenciais em uma sociedade bem-ordenada é sua estabilidade, que dependerá de a disposição de seus membros agirem em conformidade aos princípios de

---

[116] RAWLS, John. *Uma Teoria da Justiça...*, p. 5.
[117] Ibidem, p. 6.
[118] Ibidem,, p. 5.

justiça estabelecidas que pré-ordenam tal sociedade[119]. Neste ponto, Rawls traz uma discussão interessante ao argumentar a favor de sua teoria da justiça como equidade como uma concepção de justiça mais estável que outras possíveis. Em suas palavras, uma determinada concepção de justiça será "mais estável que outra se o senso de justiça que tende a gerar for mais forte e tiver mais probabilidade de anular inclinações desestabilizadoras e se as instituições que permite gerarem impulsos e tentações mis fracos a agir de maneira injusta". [120]

Nesse raciocínio, os cidadãos adquirem autonomia plena apenas quando reconhecem os princípios de justiça e agem em razão deste reconhecimento. Não é meramente um exercício ético; é um valor político que abrange a esfera particular do cidadão. A autonomia plena, assim, realiza-se pela afirmação no agir dos princípios de justiça que, por sua vez, são efetivados apenas com uma instituição pública que garanta a proteção de direitos e liberdades fundamentais, bem como a participação dos cidadãos nas decisões políticas do Estado. Esta concepção idealizada de autonomia plena se coaduna com a noção de cidadania preconizado pelo sistema internacional de proteção aos direitos humanos, cujo mais icônico documento é a Declaração de 1948, redigida por John Peters Humphrey e publicada pela Assembleia Geral da ONU.

Os direitos humanos são fundamentos morais que norteiam configuração da sociedade internacional após a Segunda Guerra Mundial. Apesar da ausência de força cogente da Declaração de 1948, as proposições ali enumeradas servem como diretrizes para as relações jurídicas de uma nova ordem mundial. Essa orientação, em se reconhecer normativamente tais direitos, é observada pelas várias Constituições promulgadas a partir do pós-guerra pelos Estados-membros das Nações Unidas[121] e pelos tratados internacionais que

---

[119] Ibidem, p. 561.

[120] Idem p. 561.

[121] "As diversas concepções teorias acerca do modo pelo qual é possível alcançar esse desiderato, os limites do papel do direito e do Estado, têm o ponto de saída na Constituição que, independentemente do grau de

versam sobre a matéria, o que constitui um regime sistêmico de proteção aos direitos humanos. Rawls, no início de *Uma Teoria da Justiça*, descreve deveres naturais de indivíduos e instituições, neste exato sentido:

> Um dos objetivos do direito das nações é garantir o reconhecimento desses deveres na conduta dos Estados. Isso é especialmente importante no que se refere aos meios usados na guerra, supondo-se que, pelo menos em certas circunstâncias, as guerras de legítima defesa se justifiquem[122].

Rawls expande para a sociedade internacional sua abstração proposta. O que, em certa medida, é um complicador que explorará melhor futuramente, em O Direito dos Povos. Ao se deparar com a aplicação dos princípios de justiça à política externa, propõe a ampliação acerca da interpretação da posição original para a sociedade internacional. Deste modo, considerar-se-iam "as partes representantes de diferentes nações que precisam escolher juntas os princípios fundamentais para regular as reivindicações conflitantes entre Estados"[123].

De modo semelhante, representantes de diversos Estados não teriam acesso à algumas informações, tal qual os indivíduos encobertos pelo véu da ignorância: "nada sabem sobre as circunstâncias específicas da própria sociedade, de seu poder e sua força em comparação com outras nações, nem conhecem seu lugar na própria sociedade"[124]. A igualdade seria princípio determinantes entre os diversos povos e, uma vez organizados na forma de Estados, seriam detentores de direitos fundamentais do mesmo que cidadãos são universalmente (em tese) protegidos por direitos fundamentais em um regime

---

recepção do Estado Nacional, possui um sentido forjado na tradição (revolução copernicana) exsurgente a partir do segundo pós-guerra". (STRECK, Lenio Luiz. *Verdade e Consenso*. 3ed. Rio de Janeiro: Lumen Juris, 2009, p. 34-35).

[122] RAWLS, John. *Uma Teoria da Justiça...*, p. 138.

[123] Ibidem, p. 470.

[124] Idem.

constitucional.

Não é o objeto aqui alongar a discussão proposta de Rawls sobre a sociedade internacional. Rawls chegara à conclusão de que o emprego da força nas relações internacionais, ou seja, o emprego do *jus ad bellum*, pode ser um óbice para a estabilidade da sociedade internacional. Todavia, não seria o pacifismo entre as nações o essencial e sim uma objeção de consciência dos Estado em participar de qualquer tipo de guerra[125].

Rawls, ao dissertar sobre a estabilidade necessária para uma sociedade bem-ordenada (e um sistema internacional ao menos um pouco estável é essencial para tal) deixa evidente que um equilíbrio de motivações. Consequentemente, um sistema estável é um sistema em equilíbrio e assim o estará ao alcançar um "estado que persiste indefinidamente ao longo do tempo, contanto que não sofra pressão de forças externas"[126].

O equilíbrio de um sistema, por sua vez, tem como suas características elementares: (i) identificação do sistema e distinção entre forças internas e externas; (ii) definição dos estados do sistema, ou seja, de suas configurações de características determinantes; (iii) especificação de leis que ligam tais estados do sistema, ou seja, que regem suas configurações[127].

Evidentemente, os Estados nacionais terão características variadas. Alguns terão estado de equilíbrio, outros não. O equilíbrio do sistema será estável se quando houver afastamento de tal equilíbrio provocado por forças externas invocarem forças internas para levar o sistema de volta ao seu estado de equilíbrio. Por sua vez, o equilíbrio será instável quando o distanciamento provocar dispersão das forças internas e levar a mudanças mais consideráveis[128]. Uma sociedade bem-ordenada, portanto, necessitará que seus sistemas (complexo de instituições políticas, econômicas e

---

[125] Ibidem, p. 471-475.
[126] Ibidem, p. 563.
[127] Ibidem, p. 563-564.
[128] Ibidem, p. 564.

sociais que atendem aos princípios de justiça) e encontrará como limites a ideia de comunidade nacional autônoma.

A estabilidade do sistema não significa, porém, inalterabilidade. Evidentemente, por ser dotada de enorme diversidade, um sistema de sociedade bem-ordenada poderá adotar alterações em suas estruturas com o passar do tempo. A estabilidade, deste modo, "significa que, em que as instituições se modificam, ainda permanecem justas ou aproximadamente justas, pois são feitos ajustes em razão de novas circunstâncias sociais"[129].

A correção provocada por fatores externo que possam, portanto, ameaçar a estabilidade de um sistema encontrará um importante fiador em uma força interna do sistema: o senso de justiça comum a todos. Em uma sociedade bem-ordenada, "o conhecimento público de que os cidadãos geralmente têm um senso de justiça efetivo constitui um bem-social dos mais valiosos. Isso tende a conferir estabilidade a arranjos sociais justos"[130]. Os sentimentos morais, neste sentido, seriam necessários para que a estabilidade da estrutura básica da sociedade (o objeto da justiça) pudesse ser garantida.

Neste cenário, emerge o constitucionalismo contemporâneo que revisita a teoria jurídica como um todo, rompendo antigos paradigmas e firmando bases de novas concepções na Teoria do Estado e do Direito e na Filosofia Política. O constitucionalismo alcança um papel central na ciência do Direito com as reconfigurações das funções do Estado, servindo como referencial paradigmático para as normas de outra natureza nas ordens jurídicas. Nesse sentido, afirma Antonio Maia:

> No domínio da filosofia política, a discussão acerca desse terceiro sentido se dá no debate relativo às formas de legitimação das estruturas jurídicas contemporâneas; encontra-se aqui, também, uma das novidades do cenário teórico contemporâneo – ensejadora de um quadro favorável à emergência de um novo paradigma jurídico: o crescente diálogo entre filosofia política e teoria

---

[129] Ibidem, p. 565.
[130] Ibidem, p. 418.

constitucional, tendo como autores de referência Jürgen Habermas e John Rawls[131].

O sistema de garantias emergido deste fenômeno do Constitucionalismo constitui um núcleo rígido de uma Constituição em um Estado de Direito. A historicidade desta concepção mostra que além de um governo de leis, e de limites ao poder soberano do Estado e para tal a divisão dos poderes, o Estado de Direito na contemporaneidade somente pode ser realizado com a proteção aos direitos fundamentais dos indivíduos.

Essa posição de é defendida Jorge Reis Novais, para quem os direitos fundamentais não são apenas mais um elemento do Estado de Direito, mas sua finalidade. Conforme o professor português:

> É a protecção dos direitos fundamentais que justifica o objectivo de limitação do Estado, pelo que a certeza e a segurança jurídica e as técnicas formais que lhe vêm associadas só cobram verdadeiro sentido e são susceptíveis de serem consideradas como valores a se desde que integradas, vinculadas e subordinadas à realização da axiologia material implicada na dignidade da pessoa humana[132].

O Estado Contemporâneo tem sua razão de ser para a proteção dos direitos do cidadão, em uma perspectiva muito mais ampla que o teorizado por John Locke. A emergência das necessidades básicas individuais direciona a proteção dos direitos de cunho social, apesar da dicotomia entre esses e os direitos puramente individuais ser equivocada. A realidade do Século XX demonstra não ser possível conceber separadamente os direitos de liberdade e direitos de igualdade como se fossem direitos antagônicos, quando na verdade suas funções teleológicas muitas vezes possam ser coincidentes.

Essa nova reinterpretação dos direitos se guia por uma

---

[131] MAIA, Antonio Cavalcanti. Sobre a Teoria Constitucional Brasileira e a Carta Cidadã de 1988: do Pós-positivismo ao Neoconstitucionalismo. *Quaestio Iuris*, v. 1 n. 6, p. 1-85, 2009, p. 50.
[132] NOVAIS, Jorge Reis. *Contributo para uma teoria do Estado de Direito...*, p. 213.

tendência, no pensamento de Jorge Reis Novais, à socialidade, "que reflete uma dependência e vinculação social de seu exercício ou mesmo numa compreensão de seu conteúdo, determinadas pela necessidade de garantir condições de liberdade de todos os homens"[133].

O liberalismo igualitário contribui para uma nova visão de um Estado de Direito, dentro do sistema de direitos humanos internacionalmente reconhecidos, como um dos paradigmas mínimos a serem observados pela autonomia dos Estados componente da sociedade internacional. Os direitos humanos na visão de Rawls alcançam uma amplitude diversa da proteção aos direitos fundamentais, servindo como condição de legitimação de regimes políticos a serem aceitos na sociedade internacional e para possibilitar um sistema que preserve a equalização entre os valores plurais dos diversos povos.

Os direitos humanos para Rawls se diferenciam dos direitos fundamentais garantidos pela Constituição por estabelecerem um critério mínimo a serem seguidos pelas instituições políticas internas, limitando minimamente a concepção de direitos fundamentais adotados por um Estado[134]. Neste raciocínio, "Rawls procura, em outras palavras, estabelecer uma norma comum, um direito cosmopolita, que servirá como critério universal para o reconhecimento dos sistemas políticos e jurídicos nacionais"[135].

Em Rawls, os direitos humanos reconhecidos pela sociedade internacional, cumprem três papeis relevantes: inicialmente, a legitimação de um regime político ou de uma ordem jurídica, pois a observância dos direitos humanos no direito interno é uma condição para ser legítima e reconhecida internacionalmente como um Estado ou qualquer outro tipo de ente político. Em segundo lugar, a previsão e o consequente respeito aos direitos humanos pelos Estados reforçam sua

---

[133] Ibidem, p. 201.

[134] RAWLS, John. *The Law of Peoples:* with The Idea of Public Reason Revisited. Harvard University Press: Cambridge, 1999, p.80

[135] BARRETTO, Vicente. *O Fetiche dos Direitos Humanos e outros temas.* 2 ed. Porto Alegre: Livraria do Advogado, 2013, p. 247.

soberania (em uma concepção contemporânea, diferente da ideia de poder absoluto), evitando a intervenção em seus assuntos por outros Estados ou organizações internacionais, como as sanções militares e econômicas. Por último, os direitos humanos estabelecem um limite ao pluralismo entre os povos, de forma a evitar um ressurgimento de uma ideia ilimitada de soberania externa e interna do Estado[136].

Neste sentido, a proteção constitucional a esses valores morais nomeados direitos humanos, na forma de direitos fundamentais, corresponde à verdadeira proteção ao ser humano. Diferentemente dos direitos humanos da comunidade internacional, os direitos fundamentais têm um caráter realmente instrumental na concretização da concepção de justiça resultante da posição original.

De acordo com o que foi visto pelo pensamento de Rawls, uma Constituição que corresponda a uma concepção razoável de justiça deve ser normativa no sentido do Estado ser estruturado dentro do possível, em uma justiça procedimental imperfeita, de acordo com princípios de justiça na posição original convencionados. Se a estrutura básica da sociedade é o objeto da justiça, então a liberdade igual serve como referencial para se constituir um Estado de Direito. Nesse sentido, dentro de um núcleo rígido de direitos, aqueles tendentes à proteção das liberdades do indivíduo ocupam uma posição mais privilegiada na organização do Estado.

O debate a respeito da função da Constituição no Estado como garantia dos direitos é fomentado pelas concepções substancialistas e procedimentalistas. A concepção substancialista de uma Constituição consiste na obrigação do Estado em não apenas se abster de violar liberdades individuais, mas também de promover condições que os permitam o exercício de seus direitos básicos. A previsão constitucional de direitos vincula o Estado em uma obrigação positiva de dar ou de fazer com seus cidadãos, não se prendendo somente à distribuição de bens primários, mas

---

[136] RAWLS, John. *The Law of Peoples...*, p .80.

também da criação de condições de exercícios de forma a proteção do indivíduo.

Conforme Rawls, a ideia de bens primários em uma sociedade que possa ser considerada como bem-ordenada (após considerar algumas críticas de Amartya Sen), é

> Que há um entendimento público não somente sobre os tipos de exigências que os cidadãos podem apropriadamente fazer, quando questões de justiça política se apresentam, como também sobre a forma pela qual tais exigências devem ser defendidas. Uma concepção política de justiça constitui uma base para esse tipo de entendimento e, dessa for-ma, capacita os cidadãos a chegar a um acordo quando se trata de examinar suas várias exigências e de determinar o peso relativo de cada uma delas[137].

Nesse contexto, é importante um rápido destaque à ideia de bem como racionalidade, uma teoria fraca do bem que Rawls critica em O Liberalismo Político. Esta teoria, segundo inicialmente menciona Rawls, perfaz-se em uma suposição de que, em uma sociedade regida por uma democracia, cada umas das pessoas tenham planos de vida e concepções de bem razoáveis em conformidade à esta mesma sociedade.

O bem como racionalidade se coaduna com o conceito rawlsiano de bens primários em razão de que estes são dependentes da condição de cidadãos, em situação de liberdade e igualdade, bem como que possuam concepções de bem baseados em doutrinas que sejam abrangentes razoáveis, possam constituir o fundamento para o consenso sobreposto. Tais cidadãos precisam, deste modo, possuir objetivos de vida com alguma homogeneidade suficiente, de modo que seja possível a criação de alguma expectativa de que sejam semelhantes.

O Estado, segundo tal raciocínio, encontra então uma finalidade de não apenas manter a paz interna, não violar direitos dos indivíduos e garantir a participação política no controle do poder, mas também em promover o desenvolvimento do ser humano em suprir suas necessidades

---

[137] RAWLS, John. *O Liberalismo Político...*, p. 226.

básicas. Neste ponto, vale destacar a reflexão de Rawls acerca do republicanismo.

Observa-se uma relação entre sua teoria e o republicanismo clássico. Na mesura em que a ideia de republicanismo é entendida por Rawls como modelo de sociedade em que se cidadãos virtuosos participam amplamente da vida pública, haverá um álibi para o autoritarismo quando houver uma retração desta participação. Ainda que com instituições políticas estruturadas, sem participação efetiva dos cidadãos, o aparato estatal poderá servir de instrumento para regimes autoritários. Um exemplo claro é o Irã durante o governo do Xá Mohammad Reza Pahlavi e mesmo o Brasil durante a ditadura militar iniciada com o Golpe de 1964.

O republicanismo, deste modo, não é antagônico à justiça como equidade, uma vez que pressupõe a efetiva participação dos cidadãos do Estado antes de qualquer interesse político, orientação política ou mesmo fundamentalismo religioso. Todavia, a justiça como equidade se opõe ao humanismo cívico. Este, segundo Rawls, concebe a participação política em razão de boa vida, de modo aproximado à concepção de liberdade dos antigos. Assim, faltaria ao humanismo cívico a ideia de que proteção à pessoa humana e participação política são interrelacionados para a promoção da cidadania.

A Constituição normativa é também um projeto de desenvolvimento do Estado, com obrigações de promover a concretização de direitos previstos, ainda que pela força da jurisdição constitucional. Ao defender a tese materialista da constituição, na qual a implementação de direitos fundamentais é um fator que a legitima, Streck observa que:

> As teorias materiais da Constituição reforçam a Constituição como norma (força normativa), ao evidenciarem o seu conteúdo compromissório a partir da concepção dos direitos fundamentais sociais a serem concretizados, o que, a toda evidência – e não há como escapar dessa discussão - traz à baila a questão da legitimidade do poder judiciário (ou da justiça constitucional para, no limite, isto é, na inércia injustificável dos demais poderes, implementar essa

missão[138].

A intervenção do poder judiciário na proteção dos direitos do cidadão não afronta a garantia democrática do Estado de Direito quando sua atuação vai ao encontro da finalidade do Estado, que é justamente a promoção do núcleo rígido de direitos. Esse raciocínio leva a pensar que a liberdade do cidadão não pode ser limitada nem mesmo pela democracia que legitima o Estado. A liberdade continua a ser garantia na medida em que não é limitada por uma vontade da maioria. Isso possibilita a manutenção da liberdade de consciência e expressão de indivíduos, estejam entre a maioria ou não.

Rawls deixa em evidência a relação entre liberdade e Estado de Direito. Para tanto, há alguns preceitos do Estado de Direito (*precepts of the Rule of Law*) considerados por ele associados ao princípio da legalidade.

O primeiro desses preceitos é "dever implica possibilidade de cumprimento" (*ought implies can*). Um sistema jurídico guiado pelos valores do Estado de Direito deve criar obrigações razoáveis aos seus cidadãos que possam por eles serem cumpridos. Assim, ao criar uma lei ou emitir uma sentença, legisladores e juízes deveriam ter em mente que os destinatários de tais normas sejam capazes de cumprir. Rawls também, de modo bem interessante, ressalta que o sistema jurídico deve reconhecer a impossibilidade de cumprimento por parte dos cidadãos. Seria, segundo ele, um atentado à liberdade que cidadãos fossem punidos por não serem capazes de cumprir leis cujo possiblidade de cumprimento não é possível[139].

O segundo preceito elencado por Rawls é "casos semelhantes devem receber tratamentos semelhantes". Supõem-se que os critérios de semelhança são atribuídos pelas próprias normas jurídicas. É uma exigência inerente à ideia de justiça com reflexos diretos na aplicação do direito. Veja-se:

---

[138] STRECK, Lenio Luiz. *Verdade e Consenso...*, p. 25.
[139] RAWLS, John. *Uma Teoria da Justiça...*, p. 293.

para Rawls, este preceito "limita, de modo significativo, a discricionariedade dos juízes e de outras autoridades"[140]. Em consonância ao razoável dever de motivação das decisões judiciais ou dos atos administrativos, "o preceito os obriga a justificar as distinções que estabelecem entre pessoas por referência aos princípios e às normas jurídicas pertinentes"[141]. Segundo o autor, a clareza na redação das leis implica no limite da discricionariedade também. Obviamente, dirá Rawls, quanto mais complicada a redação de uma lei, mais exigirá interpretação e mais fácil seria a justificação de uma decisão arbitrária. Todavia, quanto maior o número de casos semelhantes (em tempos de explosão do contencioso!), menores seriam as chances de julgamentos tendenciosos, em razão da exigência de coerência das decisões em todos os níveis [142].

O terceiro preceito é "não há crime sem lei anterior que o defina" (*nullum crimen sine lege*). A exigência é inerente à própria ideia de publicidade das leis que compõem o ordenamento jurídico e direcionam as condutas obrigatórias ou proibidas dos cidadãos à própria imparcialidade. Tal preceito está implícito "na ideia de regular o comportamento por meio de normas públicas, pois se, por exemplo, as leis não forem claras naquilo que permitem e proíbem, o cidadão não saberá como se comportar"[143] Há também em Rawls uma certa inclinação em vincular a juridicidade de uma ordem normativa à uma determinada opção política (o que fica mais evidente em O Direito dos Povos). Segundo ele, um tirano poderia alterar sem limites leis para propositalmente seus súditos não a cumprirem propositalmente. Deste modo, tais normas "não constituiriam um sistema legal, pois não serviriam para organizar o comportamento social oferecendo uma base para expectativas legítimas"[144].

---

[140] Ibidem, p. 294.

[141] Idem.

[142] Idem.

[143] Ibidem, p. 295.

[144] Idem.

O quarto preceito é a ideia de justiça natural para preservação da integridade do processo judicial, ou seja, o devido processo legal. Deste modo, leis coerentes ao Estado de Direito perfazem um sistema que permita sua aplicação pelos tribunais e seu cumprimento de modo apropriado. O sistema jurídico deve, portanto, conter "normas com o sentido de assegurar a realização de audiências e julgamentos disciplinados; deve conter normas quanto à apresentação de provas que garantam procedimentos racionais de inquérito"[145]. Valores como independência e imparcialidade judicial são requeridos, bem como a publicidade dos julgamentos, nos quais as decisões devem ser tomadas sem pender para o clamor popular[146].

Ainda que haja certa tendência à punição (e consequente restrição da liberdade), é racionalmente aceitável, segundo Rawls, que as pessoas confiem num sistema jurídico edificado em conformidade com os princípios de justiça (em harmonia com o *Rule of Law*). A liberdade é um complexo de direitos e deveres determinadas pelo Estado. Portanto, o princípio da legalidade (que se coaduna com os preceitos acima expostos) encontra amparo na racionalidade necessária ao usufruto da liberdade igual. Ainda que a sociedade seja bem ordenada, "os poderes coercitivos do Estado são até certo ponto necessários para a estabilidade da cooperação social"[147]. Assim, para preservar a liberdade, os cidadãos podem desejar normalmente que o Estado de Direito seja devidamente preservado.

A liberdade em um Estado de Direito contemporâneo encontra respaldo nas prestações positivas do poder público, já que a própria construção da ideia de liberdade se modifica com a historicidade do Estado de Direito, apesar de não perder sua essência. A liberdade pode até não ser mais adstrita apenas sendo o exercício da propriedade privada como no contratualismo clássico lockeano, mas não deixa de se associar

---

[145] Idem.
[146] Ibidem, p. 296.
[147] Ibidem, p. 297.

com a liberdade de consciência e sua decorrência, a liberdade de expressão. Além disso, a liberdade política não pode deixar de ser integrada ao conceito semântico de liberdade em um Estado de Direito, já que a limitação dessas liberdades afeta o regime democrático e não permite o desenvolvimento humano, podendo gerar inclusive grandes desastres humanos, conforme lecionado por Amartya Sen:

> Houve fomes coletivas em reinos antigos e sociedades autoritárias contemporâneas, em comunidades tribais e em modernas ditaduras tecnocráticas, em economias coloniais governadas por imperialistas do norte e em países recém-independentes do sul, governados por líderes nacionais despóticos ou intolerantes partidos únicos. Mas nunca uma fome coletiva se materializou em um país que fosse independente, que tivessem eleições regularmente, partidos de oposição para expressar críticas e que permitisse aos jornais noticiar livremente e questionar a sabedoria das políticas governamentais sem ampla censura[148].

Mesmo Rawls entendendo ser a Constituição um produto de justiça procedimental, resultante de um procedimento que deve ser o mais próximo possível da concepção da justiça como equidade[149], ainda reconhece que esse procedimento democrático e representativo sofre restrições em relação a direitos que não podem ser atingidos pelo princípio da maioria. Isso significa que pela lógica constitucional, ainda que fosse produto da emanação da vontade popular, uma norma que afetasse a liberdade de um grupo minoritário, não corresponderia à concepção razoável de justiça.

Ainda que o sistema teorizado por Rawls fosse possível apenas em uma sociedade democrática, pois de outra forma

---

[148] SEN, Amartya. *Desenvolvimento como Liberdade...* p. 201.

[149] "A garantia do valor equitativo para as liberdades políticas é incluída no primeiro princípio de justiça porque resulta essencial para estabelecer uma legislação justa e também para assegurar que o processo político equitativo especificado pela constituição esteja aberto a todos numa base de igualdade aproximada. A ideia é incorporar à estrutura básica da sociedade um procedimento político efetivo que espelhe nessa estrutura a representação equitativa de pessoas alcançada na posição original". (RAWLS, John. *O Liberalismo Político...*, p. 386-387).

não haveria a participação do cidadão na formulação do poder político, esta democracia não é total, uma vez que ela não pode ser vir de instrumento para limitar direitos instituídos na Constituição. Em razão disso, a função da Constituição em Estado de Direito (*Rule of Law* – Império da Lei, na tradução brasileira) para Rawls não é meramente garantir o procedimento democrático, mas também estabelecer uma forma de proteção das liberdades fundamentais da própria força da democracia.

A liberdade como uma fundamentação filosófica do Estado de Direito sofreu vicissitudes desde o liberalismo clássico até a era contemporânea. Ainda que com a modificação do sentido para este mesmo significante, o contratualismo continua sendo um método para a legitimação das instituições jurídicas. Em uma predominância do pensamento utilitarista, o contratualismo ressurge com Rawls para uma nova concepção de proteção de liberdades contra a regra imposta da maioria.

A história dos direitos fundamentais se coaduna com a construção da ideia de liberdade a partir da Modernidade. Nesse sentido, o contratualismo, como abordagem de legitimação do poder Estatal está intimamente relacionado com a construção da ideia da liberdade dos modernos.

Observar as vicissitudes da ideia de liberdade é compreender o sentido atual que a ideia de liberdade representa no Estado de Direito. Apesar de acepções diferentes, algo é comum entre as vertentes do contratualismo: a compreensão do indivíduo como um ser fora do mundo político construído. O Estado serve a uma finalidade, mas não é a finalidade do homem.

Conforme foi visto, o fim do Estado é a proteção aos direitos fundamentais. Para tal, com o tempo foram criados mecanismos de controle do poder para atender a tal finalidade, como a divisão dos poderes, a transferência da titularidade da soberania do Estado para o povo e o princípio da legalidade. O contratualismo legitima a proteção ao indivíduo pressupondo uma dicotomia entre Estado e sociedade, constructos da razão humana.

Ao se conceber o indivíduo como imaculado ao ser do Estado, é possível imaginar que o individualismo foi um ponto chave para a compreensão de direitos fundamentais no Século XVII e posteriormente. A emergência do Constitucionalismo normativo na modernidade se coaduna com a proteção ao indivíduo contra o Estado, servindo como instrumento de controle do poder político de forma a assegurar as separações necessárias do Estado Liberal.

No Século XX, com as preocupações humanitárias no pós-segunda guerra, o individualismo do Estado Liberal é repensado com a emergência e fortalecimento Estado de Bem-Estar, que não somente deve assegurar a vida, mas a vida humana com dignidade. Projeta-se uma sociedade em que o homem possa viver com o direito a exercer seus direitos e liberdades, direito ao seu desenvolvimento pessoal e em relação à sociedade onde vive.

O ser humano idealizado a partir da segunda metade do Século XX é um ser humano que não somente solto em um mundo dependente de seus próprios esforços, mas sim em um mundo aonde deve haver uma preocupação social com sua dignidade. Isso quer dizer que o ser humano pode se desenvolver plenamente sua consciência, mas para tal, é necessária a preocupação com o seu desenvolvimento pessoal, além de uma concepção do desenvolvimento puramente sob um viés econômico.

Como pressupõe Rawls, a liberdade é uma categoria de prioridade na formulação de uma estrutura básica da sociedade a ser justa porque é o que permite a individualização do homem, ou seja, é o que possibilita em primeiro lugar o homem estar no mundo. Para tal, é imprescindível que em uma sociedade justa, a Constituição será justa se fornecer mecanismos de garantias das liberdades individualizantes, em uma acepção mais ampla que meramente reduzir o homem à sua própria propriedade privada.

O contratualismo, ainda que surgido inicialmente como uma abordagem a se legitimar o poder do Estado, encontra em Rawls um substrato de justiça diversa ao discurso do direito natural. A liberdade não é um direito natural, é um direito humano criado artificialmente para se assegurar as prioridades que os homens entenderiam em uma sociedade justa. É o resultado de uma escolha racional em prol do desenvolvimento pessoal em condições igualitárias dentro do possível.

5

Incompletude e justiça comparativa

As críticas de Sen partem da concepção política de justiça elaborada por Rawls. É necessário considerar que as partes teriam que necessariamente chegar aos dois princípios após um debate mutualmente desinteressado para que o pensamento de Rawls faça sentido. Se as partes chegassem a outro resultado mesmo com a imparcialidade, a raiz da teoria de Rawls é atingida.

Sen exemplifica esta alternatividade de abordagens com o método do espectador imparcial de Smith, em que pode existir uma concepção de justiça que não se aplicaria ao espectador, e ainda sim seria desinteressada. Enquanto a abordagem do véu da ignorância faz com que os representantes sejam os representados após a retirada do véu, o espectador de Smith não participa de "qualquer exercício como um contrato baseado em grupo. Não existe nenhum grupo contratante, e não há nenhuma insistência de que os avaliadores precisem ser coerentes com o grupo afetado"[150]. Neste contexto, seria possível uma justiça como equidade mesmo sem a posição original e, consequentemente, sem que a concepção de justiça

---

[150] SEN, Amartya. *A Ideia de Justiça*. Trad. Denise Bottmann. São Paulo: Companhia das Letras, 2011, p. 90.

se baseasse nos dois princípios.

Uma vez havendo a escolha dos dois princípios, ainda assim há problemas como são prescritos. A prioridade total da liberdade é um deles. Rawls prioriza de forma extremada a prevalência das liberdades fundamentais. Desta forma, a liberdade pessoal deve ser mais importante em um arranjo institucional de justiça do que as garantias que possibilitem as pessoas a exercerem a liberdade? Esta é uma das críticas mais contundentes que Sen faz ao caráter transcendental da teoria da justiça de Rawls, que é incapaz de individualizar as situações – principalmente no tocante à distribuição de bens – e assim, efetivamente, realizar a justiça. Sen por isso prefere um método de justiça comparativa.

> A abordagem das capacidades se concentra na vida humana e não apenas em alguns objetos separados de conveniência, como rendas ou mercadorias que uma pessoa pode possuir, que muitas vezes são considerados, principalmente na análise econômica, como o principal critério do sucesso humano. Na verdade, a abordagem propõe um sério deslocamento desde a concentração nos meios de vida até as oportunidades reais de vida. Isso também ajuda a provocar uma mudança desde as abordagens avaliativas orientadas para os meios, principalmente focando no que John Rawls chama de bens primários, que são muito úteis para vários propósitos, como renda e riqueza, poderes e prerrogativas associados a cargos, as bases sociais da autoestima, e assim por diante[151].

Seguindo as reflexões de Sen de forma muito breve, observamos que Rawls não se preocupou com a efetividade da justiça, ou melhor, não se preocupou em teorizar como justiça poderia ser realizada no mundo real. Partindo do pressuposto de uma antiga concepção do direito indiano da qual Sen se vale para explicar pontos de sua teoria, a justiça como equidade rawlsiana atenderia apenas à *niti* e ignoraria a *nyaya*. Seria uma teoria da justiça que não oferece respostas de aplicabilidade, ou ainda, que apesar das instituições correspondentes aos princípios de justiça, não seria capaz de evitar injustiças na sociedade.

---

[151] Ibidem, p. 267-268.

As expressões *niti* e *nyaya* derivam da filosofia do direito indiano e são usadas por Amartya Sen para caracterizar a justiça transcendental abrangente de ideal de comportamento e a material de concretização, sendo que as duas palavras têm um sentido de justiça. Assim, "os papeis das instituições, regras e organizações, importantes como são, tem de ser avaliados da perspectiva mais ampla e inclusiva de *nyaya*, que está inevitavelmente ligada ao mundo que de fato emerge, e não apenas às instituições ou regras que por acaso temos"[152].

A teoria de Rawls depende de um comportamento ideal das pessoas, mas que não leva em conta o comportamento real. A concepção de justiça baseada nos dois princípios "não resolve esse problema se a teoria da justiça procurada precisa ter algum tipo de aplicabilidade para orientar a escolha das instituições nas sociedades reais"[153]. Novamente, mais um motivo pelo qual Sen entende ser insuficiente uma abordagem teórica da justiça de forma puramente transcendental.

Outro aspecto a ser destacado sobre a insuficiência da abordagem transcendental é a questão da incompletude em teorias da justiça, tal qual na justiça como equidade rawlsiana. "A admissibilidade da incompletude discutida anteriormente, em uma forma tentativa ou assertiva, é parte da metodologia de uma disciplina que pode permitir e facilitara a utilização de pontos de vista de espectadores imparciais de longe e de perto"[154].

Contrário à ideia de totalidade de teorias da justiça, como a de Rawls, Sen defende que a incompletude é uma característica importante que deve estar presente em uma teoria da justiça. A incompletude justamente trata das situações em que a justiça como resultado de um acordo pleno não oferece resposta. Para tais teorias, uma situação de incompletude é um sinal de fracasso. Todavia é importante lembrar que são tais incompletudes que permitem verificar a possibilidade de

---

[152] Ibidem, p. 50.

[153] Ibidem, p. 98.

[154] Ibidem, p. 161-162.

teorias como a de Rawls. Por isso, "a aceitabilidade da incompletude avaliativa é sem dúvida um assunto central em toda teoria de escolha social e é relevante para as teorias da justiça também"[155]. Assim, a incompletude em uma teoria de justiça possibilita uma abordagem comparativa com o intuito de reduzir as injustiças existentes.

A liberdade formal priorizada por Rawls, assim como sua concepção de bens primários a serem possuídos pelas pessoas, não são capazes de atender ao problema nem do exercício de liberdades, nem da individualidade em si do ser humano. Conforma observa Sen, uma das formas de se efetivar a justiça é a consideração de como a pessoa vai conseguir escolher seus objetivos de vida.

Diferentemente de Rawls, Sen se preocupa com as características pessoais que tornam possível a conversão de bens primários em realizações. Assim, a liberdade não pode ser exercida somente com a distribuição de bens primários como renda e riqueza. Estas capacidades de conversão são as liberdades substantivas, as mais cruciais liberdades que o ser humano possui.

Sen, neste contexto, explica a importância das liberdades para o ser humano, que as colocam como primordiais em comparação com as instrumentais:

> As liberdades individuais substantivas são consideradas essenciais. (..) Ter mais liberdade para fazer as coisas que são justamente valorizadas é (1) importante por si mesmo para a liberdade global da pessoa e (2) importante porque favorece a oportunidade de a pessoa ter resultados valiosos. (...) Ter mais liberdade melhora o potencial das pessoas para cuidar de si mesmas e para influenciar o mundo, questões centrais para o processo de desenvolvimento[156].

Note-se que estas liberdades substantivas têm um foco teórico não-transcendental. Neste caso, "a capacidade é um tipo de liberdade: a liberdade substantiva de realizar

---

[155] Ibidem, p. 136.
[156] SEN, Amartya. *O Desenvolvimento como Liberdade...*, p. 33.

combinações alternativas de funcionamentos"[157]. É uma preocupação claramente realística. No pensamento de Sen, o desenvolvimento humano está intrinsecamente relacionado à liberdade, uma vez que a liberdade possibilita o desenvolvimento.

No entendimento do filósofo indiano, a teoria da justiça como equidade "implica uma simplificação drástica e formulista de uma tarefa enorme e multifacetada"[158]. A relação entre os arranjos institucionais e o comportamento individual real é vital para uma completa concepção de justiça, o que para Sen, a teoria da justiça como equidade não consegue responder.

Outro problema decorrente do primeiro é a abordagem contratualista, que Rawls procura resgatar em um raciocínio com influências de Kant. A posição original de Rawls é o momento em que as partes, cobertas pelo véu da ignorância, realizam um contrato cujo resultado unânime é a concepção de justiça baseada em seus dois princípios. Pode ser "definida de modo a ser um *status quo* no qual todos os acordos firmados são justos. [...] Assim, a justiça como equidade pode usar a ideia de justiça procedimental pura desde o início"[159].

A abordagem de Rawls pressupõe que as partes estariam desinteressadas e que ao final do acordo original, elas se sentiriam seguras em retirar o véu e acordarem no mundo real porque independentemente da posição social que ocupassem, o arranjo institucional seria justo porque a concepção de justiça resultante do acordo seria justa.

Essa noção de justiça procedimental pura se aproxima de ideia de justiça como equidade na medida em que nesta, segundo Rawls, o conceito de justo precede o conceito de bem. Uma das principais ideias defendidas em *O Liberalismo Político* é a supremacia da noção de justo sobre o bem. Evidentemente, concepções de bem podem integrar a noção de justo enquanto

---

[157] Ibidem, p. 105.
[158] SEN, Amartya. *A Ideia de Justiça...*, p. 100.
[159] RAWLS, John. *Uma Teoria da Justiça...*, p.146.

valores políticos, desde que sejam estabelecidos alguns limites. A correção do processo e a sua justeza precede também a importância ou as qualificações possíveis dos seus resultados. Como apontado na ideia de justiça como equidade, as instituições dependem de seus processos de funcionamento – de sua justiça processual – e os princípios da justiça como equidade devem assegurar a estabilidade destas instituições justas.

A noção de justiça processual passa pela concepção de um sistema social de nodo que o resultado (de um processo de distribuição de riquezas, cargos etc.) possa ser considerado justo qualquer que seja o seu conteúdo, uma vez que determinados procedimentos justos foram observados. A justiça procedimental pura se caracteriza pela mais simples divisão justa de um determinado bem, recurso etc., sendo que tal divisão ou distribuição deve observar um procedimento correto e justo, a ser adequadamente aplicado, garantindo a correção do resultado (qualquer que seja ele).

Essa noção de justiça processual se aproxima de ideia de justiça como equidade na medida em que nesta, segundo Rawls, o conceito de justo precede o conceito de bem; e, naquela, a correção do processo e a sua justeza precede também a importância ou as qualificações possíveis dos seus resultados. Como apontado na ideia de justiça como equidade, as instituições dependem de seus processos de funcionamento – de sua justiça processual – e os princípios da justiça como equidade devem assegurar que as instituições justas sejam estáveis.

Na leitura de Kolm, a posição original tem um caráter utilitarista, identificando um problema na racionalidade advinda do equilíbrio reflexivo, criticando a forma peculiar de contratualismo proposta por Rawls. Ao verificar o produto da convergência das vontades dos signatários na posição original, Kolm argumenta que "o resultado obtido tem uma forma utilitarista, mas não pode realmente ser utilitarismo, pois este é uma teoria da ética social, e o resultado obtido a partir de uma teoria da posição original que, como vimos, não pode ser uma teoria da ética social"[160].

Tal abordagem pressupõe que uma equidade caracterizada como imparcialidade, ou desinteresse, seria alcançada somente com o acordo original. Esta pressuposição de Rawls evidentemente leva a refletir e questionar se realmente o acordo original, nas condições e nas limitações formais que Rawls destaca, poderia efetivamente ter como resultado a equidade. Caso os argumentos propostos por Rawls sejam suficientes para demonstrar a possibilidade de se alcançar a equidade no acordo original, resta saber se é método mais adequado.

Esta limitação da abordagem contratualista permitiu que Sen propusesse o método do espectador imparcial de Smith como alternativa a dialogar com a teoria de Rawls. Apresenta uma abordagem alternativa utilizando aspectos da teoria de Adam Smith. Esta abordagem de Smith é relevante para Sen, pois

> é capaz de levar em conta possibilidades que a abordagem do contrato social não pode facilmente acomodar [...] É a perspectiva firmemente 'aberta' invocada pelo 'espectador imparcial' de Adam Smith que pode precisar de reafirmação nos dias de hoje. Ela pode fazer uma diferença substancial para nossa compreensão das exigências de imparcialidade na filosofia moral e política no mundo interconectado em que vivemos[161].

Amartya Sen entende que o contratualismo é limitado por não considerar a inclusão de sociedades diversas. Na posição original, as partes não consideram a existência de outras sociedades, pois os destinatários dos princípios de justiça são eles próprios. Não se considera assim que um a justiça seja pensada por alguém fora de determinada sociedade. Este isolamento influencia as partes na posição original, pois os valores da sociedade em questão representam um interesse de

---

[160] KOLM, Serge-Christophe. *Teorias modernas da justiça*. São Paulo: Martins Fontes, 2000, p. 245.

[161] SEN, Amartya. *A Ideia de Justiça*. Trad. Denise Bottmann. São Paulo: Companhia das Letras, 2011, p. 183.

um determinado povo em um determinado fator espaço-temporal. Nisso, "o procedimento das 'posições originais' segregadas, operando como dispositivo isolado, não é propício para garantir um escrutínio adequadamente objetivo das convenções sociais e sentimentos paroquiais que podem influenciar as regras escolhidas na posição original"[162].

Mesmo que seja possível o alcance da justiça como equidade na estruturação do arranjo institucional, não oferece solução no comportamento entre sociedades e entre pessoas de diferentes sociedades.

Sen, com base nesta limitação do contratualismo, também identifica que é necessário repensar a teoria de Rawls no que diz respeito à relevância das perspectivas globais. A existência de outros Estados e consequentemente de diversos arranjos institucionais é um fator de alta relevância para a estrutura de uma sociedade.

Ainda que uma justiça transcendental possa de certa forma tentar ignorar tal fato, a aplicabilidade da justiça deve considerar as diversas sociedades, pois muitas decisões de determinadas sociedades repercutem em outras. Esta limitação da abordagem contratualista assim se manifesta na aplicação da concepção de justiça somente dentro de uma sociedade, como se fosse um ente isolado, o que em no mundo real nos parece ser impossível. Neste sentido, é visto que Rawls consegue formular uma teoria da justiça baseada em um preceito de equidade. Tal teoria representa um marco na filosofia política do Século XX e uma revisita ao contratualismo e à abordagem transcendental.

Na justiça como equidade, a liberdade está contida no primeiro princípio que é prioritário na formulação de uma estrutura básica da sociedade justa. Para tal, é imprescindível que em uma sociedade justa, sejam assegurados mecanismos de garantias das liberdades individualizantes, em uma acepção mais ampla que o pensamento liberal clássico de proteção à propriedade privada.

---

[162] SEN, Amartya. *A Ideia de Justiça...*, p. 157.

O contrato social é reformulado na obra de Rawls se libertando da utopia jusnaturalista A liberdade não é um direito natural, é um direito humano criado artificialmente para se assegurar as prioridades que os homens entenderiam em uma sociedade justa. É o resultado de uma escolha racional em prol do desenvolvimento pessoal em condições igualitárias dentro do possível A abordagem contratualista todavia é limitada e não oferece respostas para a realização da justiça material em uma efetiva conversão dos bens primários em capacidades reais, ainda que haja uma consenso sobre a desigualdade justa na medida de fornecer uma melhor situação os menos favorecidos.

Algumas questões posteriores da crítica à sua teoria da justiça possibilita uma reflexão sobre problemas tais como a necessidade da vinculação da justiça a uma abordagem transcendental que influi no comportamento das pessoas destinatárias, se a abordagem transcendental é suficiente para uma concepção de justiça, como a equidade pode ser alcançada e o porquê ela é um fator inerente à justiça, e finalmente, como se é possível ou não determinarmos concepções de justiça na estruturação de uma determinada sociedade sem um compromisso com "os olhos da humanidade".

Referências

BALOGUN, M.J. *Hegemony and Sovereign Equality*: The Interest Contiguity in International Relations Springer. Springer: New York, 2011.

BARRETTO, Vicente. *O Fetiche dos Direitos Humanos e outros temas*. 2 ed. Porto Alegre: Livraria do Advogado, 2013.

BILLIER, Jean-Cassien; MARYIOLI, Aglaé. *História da Filosofia do Direito*. Trad. Maurício de Andrade. Barueri: Manole, 2005.

CHÂTELET, François. *História da Filosofia: Ideias, doutrinas*. Vol 5. Trad. Guido de Almeida. Rio de Janeiro: Zahar Editores, 1974.

CHEVALLIER, Jean-Jacques. *As Grandes Obras Políticas de Maquiavel a nossos dias*. São Paulo: Agir, 1989.

DOUZINAS, Costas. *O Fim dos Direitos Humanos*. Trad. Luzia Araujo. São Leopoldo: Unisinos, 2009

FARAGO, France. *A Justiça*. Trad. de Maria José Pontieri. Barueri: Manole, 2004

FERNANDES, Antonio de Pádua. A Fundamentação Ética do Direito Internacional em Kant: à Paz Perpétua. *Revista Prisma Jurídico*. São Paulo, nº 3. pp. 149 – 166, 2004.

FERRAZ JUNIOR, Tércio Sampaio. *Introdução ao Estudo do Direito*. 5 ed. São Paulo: Atlas, 2007.

HÖFFE, Otfried. *Justiça Política*. Trad. Ernildo Stein. São Paulo: Martins Fontes, 2006.

KANT, Immanuel. *À Paz Perpétua*. Trad. Marco Zingano. Porto Alegre; L&PM Pocket, 2011.

______. *A Metafísica dos Costumes*. Trad. Edson Bini. Bauru:

Edipro, 2008

______. *Fundamentação da Metafísica dos Costumes*. Trad. Tania Maria Bernkopf [et al]. São Paulo: Abril Cultural, 1983. (Os Pensadores).

KELSEN, Hans. *O Problema da Justiça*. 5 ed. Trad. João Baptista Machado. São Paulo: Martins Fontes, 2011

KOLM, Serge-Christophe. *Teorias modernas da justiça*. São Paulo: Martins Fontes, 2000.

LOCKE, John. *Segundo Tratado sobre o Governo*. São Paulo: Abril Cultural, 1979. (Os Pensadores)

MACEDO, Ubiratan Borges de. *Liberalismo e Justiça Social*. São Paulo: Ibrasa, 1995.

MAIA, Antonio Cavalcanti. Sobre a Teoria Constitucional Brasileira e a Carta Cidadã de 1988: do Pós-positivismo ao Neoconstitucionalismo. *Revista Quaestio Iuris*. Rio de Janeiro, n. 6, v.1, p 1-85, 2009.

MARRONE, Pierpaolo. As tentativas de uma nova fundação: neoliberalismo, neocontratualimo e comunitarismo. In: DUSO, Giuseppe. *O Poder:* História da Filosofia Política Moderna. Trad. Andrea Ciacchi [et. al.] Petrópolis: Vozes, 2005.

MAUS, Ingeborg. *O Direito e a Política*: Teoria da Democracia. Trad. Elisete Antoniuk. Belo Horizonte: Del Rey, 2009.

MELO, Frederico Alcântara de. John Rawls: uma Noção de Justiça. *Faculdade de Direito da Universidade Nova Lisboa Working Papers*. Lisboa, pp.1-13, 2001.

MORRISON, Wayne. *Filosofia do Direito*: dos gregos ao pós-modernismo. São Paulo: Martins Fontes, 2006.

NOUR, Soraya. *À Paz Perpétua de Kant:* Filosofia do Direito Internacional e das Relações Internacionais. São Paulo: Martins Fontes, 2004.

REFERÊNCIAS

______. O legado de Kant à Filosofia do Direito. *Revista Prisma Jurídico*. São Paulo, nº 3, pp. 91-103, 2004.

NOVAIS, Jorge Reis. *Contributo para uma teoria do Estado de Direito*: do Estado de Direito Liberal ao Estado Social e Democrático. Lisboa, Almedina, 2006.

RAWLS, John. *O Liberalismo Político*. Trad. Dinah de Abreu Azevedo. 2 ed. São Paulo: Ática, 2000.

______. *The Law of Peoples:* with The Idea of Public Reason Revisited. Harvard University Press: Cambridge, 1999

______. *Uma Teoria da Justiça*. Trad. Jussara Simões. São Paulo: Martins Fontes, 2008

ROUSSEAU, Jean-Jacques. *Do Contrato Social*. Trad. Lourdes Santos Machado. 2 ed. São Paulo: Abril Cultural, 1979.

SANDEL, Michael J. *Justiça*: o que é fazer a coisa certa. 6 ed. Trad. Heloísa Matias e Maria Alice Máximo. Rio de Janeiro: Civilização Brasileira, 2012.

SCANLON, T.M. Contractualism and Utilitarism. In: DARWALL, Stephen. *Contractarianism, Contractualism*. Oxford: Blackwell Publishers, 2003

SCHNEEWIND, J.B. Autonomy, obligation, and virtue: A overwiew of Kant,s moral philosophy. In: GUYER, Paul (org.) *The Cambridge Companion of Kant*. Cambridge: Cambridge University Press, 1992 (Cambridge Companions).

SEN, Amartya. *A Ideia de Justiça*. Trad. Denise Bottmann. São Paulo: Companhia das Letras, 2011.

______. *Desenvolvimento como Liberdade*. Trad. Laura Teixeira Mota. São Paulo: Companhia das Letras, 2010.

STRECK, Lenio Luiz. *Verdade e Consenso*. 3ed. Rio de Janeiro: Lumen Juris, 2009.

VITA, Álvaro de. *A justiça igualitária e seus críticos*. São Paulo:

Unesp, 2002.

______. *O liberalismo igualitário*: sociedade democrática e justiça internacional. São Paulo: Martins Fontes, 2005.

Índice remissivo